华章经典·管理

论领导力
ON LEADERSHIP

[美] 詹姆斯·G. 马奇　蒂里·韦尔 著
JAMES G. MARCH　THIERRY WEIL

张晓军 郑娴婧 席酉民 译

图书在版编目（CIP）数据

论领导力 /（美）詹姆斯 G. 马奇（James G. March），（美）蒂里·韦尔（Thierry Weil）著；张晓军，郑娴婧，席酉民译. —北京：机械工业出版社，2018.4（2024.7重印）

（华章经典·管理）

书名原文：On Leadership

ISBN 978-7-111-59411-6

I. 论… II. ①詹… ②蒂… ③张… ④郑… ⑤席… III. 领导学 IV. C933

中国版本图书馆CIP数据核字（2018）第051019号

北京市版权局著作权合同登记　图字：01-2018-0549号。

James G. March, Thierry Weil. On Leadership.

ISBN 978-1-405-13246-6

Copyright © 2005 by James G. March and Thierry Weil.

This translation published under license. Authorized translation from the English language edition, published by John Wiley & Sons. Simplified Chinese translation copyright © 2018 by China Machine Press.

This edition is authorized for sale in the Chinese mainland (excluding Hong Kong SAR, Macao SAR and Taiwan).

No part of this book may be reproduced or transmitted in any form or by any means, electronic or mechanical, including photocopying, recording or any information storage and retrieval system, without permission, in writing, from the publisher. Copies of this book sold without a Wiley sticker on the cover are unauthorized and illegal.

All rights reserved.

本书中文简体字版由John Wiley & Sons公司授权机械工业出版社在中国大陆地区（不包括香港、澳门特别行政区及台湾地区）出版发行。

未经出版者书面许可，不得以任何方式抄袭、复制或节录本书中的任何部分。

本书封底贴有John Wiley & Sons公司防伪标签，无标签者不得销售。

论领导力

出版发行：机械工业出版社（北京市西城区百万庄大街22号　邮政编码：100037）

责任编辑：黄姗姗　　　　　　　　　　　　责任校对：张惠兰

印　　刷：固安县铭成印刷有限公司　　　　版　　次：2024年7月第1版第7次印刷

开　　本：170mm×242mm　1/16　　　　　印　　张：12.75

书　　号：ISBN 978-7-111-59411-6　　　　定　　价：50.00元

客服电话：(010) 88361066　68326294

版权所有·侵权必究
封底无防伪标均为盗版

赞誉
Praise

马奇的思想精彩、睿智、独树一帜，完全忠实于现代研究体系。

——丹尼尔·卡尼曼

2002年诺贝尔经济学奖获得者

马奇是我最喜欢的作家，他非常强调领导的基本问题和人生的基本问题的统一，我心戚戚。马奇的书是那种读着读着也许会停下来愣半天神的；一句引起万千思绪，捅破了好些窗户纸。带着实践中的问题去读，会有更多获益。

——杨斌

清华大学副校长兼教务长，清华经管领导力研究中心主任

数字中国的崛起是数字经济发展之路上一块重要的旅程碑，更是中国互联网企业向全球化生态重组的阶段性成果。中国互联网蓬勃发展的这段二十多年的精彩历史，除了为企业在探索未来可持续发展的方向上奠定了良好的行业生态以及跨界融合的意识外，更为新一代年轻的、怀有远大梦想的创业者带来无限的想象空间和希望。

然而在当前资金无限、经济高速成长、企业盲目追求技术的时代，高管往往容易忽略能带领企业成长为百年老店的领导力的最核心的价值。在这个管理类书籍汗牛充栋的年代，这本大师级别的经典智慧，刚好可以献给那些愿意沉下心来，为中国梦认真部署下一代中国百年老店的领导者。

——刘胜义

腾讯集团高级执行副总裁

马奇教授的这部《论领导力》与众不同，不同有三：其一，这是斯坦福MBA领导力课堂20个75分钟的笔记形成的，是一门真正的领导课；其二；这门课是以《奥赛罗》等多部文学名著为核心，充分打开学生的情感、想象力和创造力，深入一个人思想的底层，而不仅是知识、能力和行为这些外在的层面；三是以赏析的态度把学习领导力作为与学习音乐、文学类似的过程，源于现实，高于现实，实际上，我们很多的政治家和企业家在本质上都是"文艺青年"！21世纪的互联网和人工智能新时代中，企业要创新、变革和全球化迫切需要想象力、同理心、创造力，本书是领导力学术界的一朵奇葩，非常喜欢其中的思想和醍醐灌顶的金句，马奇教授不仅是领导力大师，也是大哲学家！

——徐中博士

北京智学明德领导力中心创始人

马奇以诗化的语言诠释了对领导力的理解，他指出了传统管理者的缺陷——过于理性而成为"管道工"，马奇的智慧在于，应该培养感理双佳的管理者，在科技日益发达的时代，领导力的本质是拥有愿景、充满激情、尊重人性。在后现代管理情境中，文学的重要性大于科学的重要性。

——陈劲

教育部长江学者特聘教授、清华大学经济管理学院教授
《清华管理评论》执行主编

马奇有关领导者的独特看法体现在他认为堂吉诃德是领导者的最佳榜样。如果用一句话概括马奇另辟蹊径的学术生涯，我认为最佳选择是称他为"学术界的堂吉诃德"。如同堂吉诃德，马奇本人的学术生涯正是充满想象力的一生，也是富有使命感的一生，更是快乐的一生。这些正是领导力的特征，与中国道家的传统思想不谋而合。

——李平

宁波诺丁汉大学李达三国际商务首席教授

美国创新领导力中心大中华区研究总监

这本薄薄的《论领导力》，我多次重读，而且每次重读都有新的领悟——这就是马奇思想的魅力。

——刘澜

正道领导力中心创始人，北京大学汇丰商学院管理学教学副教授

我特别喜欢斯坦福大学教授詹姆斯·马奇说的一句很有趣的话：我只推敲我的想法，我不推销我的想法。他是人文主义的真正传人，用怀疑、不确定的方式看待世界。

——许知远

单向街图书馆创办人、《十三邀》节目主持人

我一直好奇，为什么马奇教授喜欢借用"堂吉诃德"这一文学人物来诠释领导力？

马奇认为堂吉诃德的身上折射出领导者的若干个核心品质。首先，堂吉诃德有"非凡的想象力"，以此产生"愿景"和"梦想"，能够超越现实的束缚，洞察潜在的可能性，看到常人看不到的东西。第二，堂吉诃德有追求梦想的"痴迷之心"，有强烈的骑士精神，"咬定青山不放松,任尔东西南北风",将履行骑士职责视为己任。他倾听内心的呼唤,不以结果为导向,不以成败论英雄,这种精神是领导者动力的来源。第三,有释然之心,在坚持的过程中面对失败和打击需要有能够进行自我调整的心智,要有能力使自己的"心灵自由",并且能够在痛苦与失败中找到快乐,有着"一笑泯恩仇"的胸怀。第四,堂吉诃德有些"愚直",经常做出让常人不可理解的事情,在外人看来,他非常天真,甚至有点"疯癫"。但对于堂吉诃德而言,外在的评价不会扰乱他,不管受到多大的打击,他都能够一笑了之,因为他心里清楚地知道自己是谁。

——曹仰锋博士

香港创业创新研究院院长、管理 X.0 创新实验室创始人

北京大学光华管理学院管理实践教授

马奇的政治分析视角,使得对目标的设定从"领导者设定组织目标"的判断中跳脱出来,强调领导者本身可能只是利益联盟中多种力量的一支。在多方博弈中,谁的目标能成为组织目标,不是一个设定过程,而是一个政治过程。因此,一个更有价值的问题或许是:如果不是领导者,那么谁在控制组织目标?在马奇看来,企业天生就是冲突的场所。现代企业建立之初,就是多方利益相关者的聚合:投资方、管理层、员工、顾客,包括政府、媒体以及公众等。任何一方在企业治理过程中都会试图通过权力手段(包括:强制、资源依赖、意识形态等)来努力实现自己的利益诉求。如此看来,组织本质上都不可能再用单纯的经济学或管理学视角来解释,而必须用政治的眼光来琢磨。

——葛建华

中国人民大学商学院副教授

史蒂夫·乔布斯在斯坦福大学的毕业典礼演讲的结语中,有一句广为流传的话，他建议人们"Stay hungry, stay foolish"。理性的人难以理解这句话，因为愚蠢（foolish）是他们避之唯恐不及的标签。但是，正如詹姆斯·马奇认为，过于理性的人把自己限制在已有的偏好或认同之中，他们追求精明，却忽视某种程度上的愚蠢可能开辟新的天地。理性人的优势是在既定的框架中找到最优解，但是框架反过来限制了他们，造成最优解也往往只是局部最优，而不是全局最优。

——张勉

清华大学经济管理学院领导力与组织管理系副教授

出版说明
The Publisher's Words

自从1911年弗雷德里克·泰勒的《科学管理原理》出版至今，漫长的管理历程中不断涌现出灿若星河的经典之作。它们在管理的天空中闪烁着耀眼的光芒，如北极星般指引着管理者们不断前行。这些书籍之所以被称为管理经典，是因为在近百年的管理实践中，不管外界环境如何变迁，科学技术生产力如何发展，它们提出的管理问题依然存在，它们总结的管理经验依然有益，它们研究的管理逻辑依然普遍，它们创造的管理方法依然有效。

中国的管理学习者对于管理经典可以说是耳熟能详，但鉴于出版时间的久远、零乱和翻译的局限，很多时候只能望书名而兴叹。"华章经典·管理"丛书此次推出，不仅进行了系列的出版安排，而且全部重新翻译，并统一装帧设计，希望能为管理学界提供一套便于学习的精良读本。

中国的管理实践者身处的内外环境是变化的，面对的技术工具是先进的，接触的理论方法是多样的，面临的企业增长是快速的，管理者几乎没有试错的时间。那么要如何提升自己的管理水平，才能使自己在竞争中立于不败之地？最好的方法就是找到基本的管理理论。管理经典就如一盏明灯，既是最基本的管理，也是更高的管理。因此阅读这套丛书对管理实践者来说，正可谓受益良多。

"华章经典·管理"系列丛书追求与时俱进。一方面,从古典管理理论起,至当代管理思想止,我们选取对中国的管理实践者和学习者仍然有益的著作,进行原汁原味的翻译,并请专业译者加强对管理术语的关注,确保译文的流畅性和专业性。另一方面,结合中国的管理现状,我们邀请来自企业界、教育界、传媒界的专家对这些著作进行最新的解读。

这些工作远非凭华章一己之力可以完成,本套丛书得到了各界专家的支持与帮助,在此一并感谢:

包 政　陈春花　陈佳贵　冯 仑　黄群慧　李新春
李 政　罗 珉　马风才　彭志强　邵明路　石晓军
王以华　王永贵　吴伯凡　吴晓波　席酉民　肖知兴
邢以群　颜杰华　杨 斌　张瑞敏　赵曙明

"华章经管"自创设以来,一直致力于为中国读者提供世界管理图书的阅读价值,以知识促进中国企业的成长。"华章经典·管理"系列丛书秉承这一理念,精心编辑,诚意打造。仅盼这套丛书能借大师经典之名,为更多管理实践者和学习者创造出更为有效的价值。若您确有收获,那么作为经管出版人,心下慰矣。

总 序
Foreword

学习管理　感悟管理　演练管理　享受管理[⊖]

如今，市场上经管类图书可以说是琳琅满目、鱼龙混杂，时髦的名词和概念一浪接一浪滚滚而来，不断从一个新理念转到另一个新理念，传播给大众的管理概念和口号不断翻新，读者的阅读成本和选择成本也不断上升。在这个浮躁的社会时期，有时出版商提供给读者的不再是精神食粮，而是噪声和思维杂质，常常使希望阅读、学习和提升的管理者无所适从，找不到精神归依。任何一门学问，如果割断了与自身历史的联系，就只能成为一个临时的避难所，而不再是一座宏伟的城堡。

针对这种情况，机械工业出版社号召大家回归经典，阅读经典，并以身作则，出版了这套华章经典系列，分设 3 个子系——管理、金融投资和经济。

"华章经典·管理"系列第一批将推出泰勒、法约尔和福列特的作品，后续将会穿越现代管理丛林，收录巴纳德、马斯洛、列维特、明茨伯格、西蒙和马奇等各种流派的管理大师的作品。同时，也将收录少量对管理实践有过重要推动作用的实用管理方法。

作为管理研究战线的一员，我为此而感到高兴，也为受邀给该系列作序而感到荣幸！随着经济全球化和知识经济的到来，知

⊖ 本文首次刊发于《清华管理评论》2016 年第 5 期。——编者注

识的更新速度迅速提升，特别是管理知识更是日新月异，丰富多彩。我们知道，大部分自然科学的原理不会随时间变化而失效。但因管理的许多知识与环境和管理情境有关，可能会随着时间和管理情境的变迁而失去价值。于是，人们不禁要问：管理经典系列的出版是否还有现实意义？坦率地讲，许多贴有流行标签的管理理论或方法，可能会因时间和环境的变化而失去现实价值，但类似于自然科学和经济学，管理的知识也有其基本原理和经典理论，这些东西并不会随时间的流逝而失效。另外，正是由于管理有许多与情境和人有关的理论、感悟、智慧的结晶和哲学的思考，因此反倒会随着历史的积淀和经历的丰富而不断发展和深化，绽放出更富历史感、更富真知的光彩。换句话说，不少创造经典的大师可能已经走了，但其思想和智慧还活着！不少浮华的流行概念和观点死了，但其背后的经典还闪闪发光！在这套管理经典系列里，我们追本溯源，也依然可以欣赏到对现代管理有着基础支撑作用的管理思想、智慧和理论。

观察丰富多彩的管理实践，不难发现：有的企业家、管理者忙得焦头烂额，被事务困扰得痛苦不堪，结果事业做得还不好；有的企业家、管理者却显得轻松自如、潇洒飘逸、举重若轻，而且事业也红红火火、蒸蒸日上。是什么使他们的行为大相径庭，结果天壤有别？一般的回答是能力差异。我不否认人与人之间的能力有差别，但更想强调能力背后的心态、思维方式、理念问题，即怎样看待管理？怎样面对问题？怎样定位人生？管理因与人有关，始终处于一种动态的竞争和博弈的环境下，因而管理永远都是复杂的、富于挑战的活动。要做好管理，成为优秀的企业家和管理者，除了我们经常挂在嘴边的许多素质和技能，我认为最重要的是管理的热情，即首先要热爱管理，将管理视为自己生存和生活不可分割的一部分，去体验管理和享受管理。其次，管理永远与问题和挑战相伴。我经常讲，没有一个企业或单位没有问题，管理问题就像海边的礁石，企业运行状况良好时，问题被掩盖了；企业运行状况恶化时，所有的问题就都暴露出来了。实际上涨潮时最容易解决问题，但此时也最容易忽视问题，等退潮时问题都出来了，解决问题的最好时机也过去了。面对管理问题，高手似乎总能抓住少数几个关键问题，显得举重若轻，大量小问题也会随着大问题的解决而消失；而低手却经常认认真真地面对所有问题，深陷于问题网中，结果耽误了大事。人生的价值在于不断战胜自我，征服一次管理难题，实际上不仅是人生的一种体验，更是对自己能力的一次检验。若能这样看问题，迎接管理挑战就不再是一种痛苦，而将成为一种愉悦的人生享受。因此，从管理现实中我们也能体会到，管理的有效性和真正驾驭需要管理知识、艺术、经验和智慧的综合运用。

高水平的管理有点像表演杂技，杂技演员高难度的技艺在常人看来很神奇，但这些令人眼花缭乱的表演实际上是建立在科学规律和演员根据自身特点及能力对其创造性地运用上。管理的神奇也主要体现在管理者根据自身特点、能力以及其组织和环境的情况，对基本管理原理的创造性应用上。

因为"管理是管理者的生活"，我经常劝告管理者要"享受管理"，而要想真正做到这一点，除了正确的态度和高尚的境界，还需要领悟管理的真谛；而要真正领悟管理的真谛，就需要学习掌握管理的基本知识和基本技能。当然管理知识的来源有直接和间接之分，直接知识是通过自己亲身体验领悟而来，这样做过程太长；间接知识是通过学习或培训取得，这样过程较短，成效较快，两者相辅相成。

管理知识浩如烟海，管理技术和技能多如牛毛，而且随着时代和环境以及文化的变化，同一种知识和技能的应用还有很强的环境依赖性，这就使管理知识的学习变得很难把握，许多人不知道看什么样的书，有的人看完书或听完课后的体会是当时明白了，也听懂了，但仍不知道怎样管理！实际上管理的学习同经济学、自然科学等的学习一样，首先要掌握基本的思想和方法论。管理面对的是实际的企业、组织和人，一般规律对他们有用，但他们往往也有独特性，这也使管理具有科学、艺术、实务和思想等多种属性，所以不能僵化地看待管理知识，在理解和运用管理知识时一定要注意其使用对象的特殊性。其次，管理者手中能够应用的武器有两方面：科学的、带有普遍性的技术和方法以及与人有关的会随情况变化的涉及心理和行为的具有艺术特色的知识和经验。前者可以通过书本学习，后者则要通过实践或案例教学来学习和体会。再次，管理重在明确目标以及其后围绕目标选择最佳或最满意的路径，而完成这一任务除了高瞻远瞩、运筹帷幄的能力以及丰富的知识和经验外，最基本的是要学会和善用成本－效益分析工具。最后，所谓"三人行必有我师"，无论成功与失败，任何管理实践中都蕴涵着知识和经验，所以，对于管理者来说，处处留心皆学问，要增加自己的管理知识和丰富自己的管理经验，就要善于观察组织及人的行为和实践活动，勤于思考和提炼，日积月累也是重要途径。

有人形象地比喻，管理类似下棋，基本的管理知识类似于对弈的基本规则，各种管理技能和成功的管理实践类似于总结出的各种棋谱，而实际的管理则由这些基本规则、各种棋谱演变出更加丰富多彩、变幻莫测的局势。水平接近者的比赛，赛前谁也难以确定局势的变化和输赢的结果。因此，管理的学习在于基本的知识和技能，而要演化出神奇的管理实践则需要在此基础上去感悟、去享受！

实际上管理活动本身犹如一匹烈马、一架难以控制的飞机，要想驰向发展的愿景，飞向成功的辉煌未来，不仅要享受奔驰中飘逸的快感和飞翔时鸟瞰世界的心旷神怡，而且要享受成功后的收获，因此必须设法"驾驭"好管理。

我陪人练习驾车时曾深有体会地告诉驾驶者，开车的最高境界是用心，而不是动用身体，要把车当作你身体功能的一种延伸，使车与你融为一体，然后在你心神的指挥下，心到车到。"管理"这匹烈马或复杂难控的飞机何尝不是如此，它也是人类、领导者、管理者的功能的一种延伸、一种放大器，而要真正享受它和使它发挥功效，必须娴熟且到位地驾驭它。面对种种复杂的管理，更需要用心驾驭。

这里，作为序我没有对经典系列本身给予太多介绍，只重点谈了如何学习管理，提升管理水平，最后达到享受管理。这是因为，大师的伟大、经典的重要均无须介绍，而我们面对的经典内容如此丰富多彩，再美的语言也难以精确刻画，只有靠读者自己去学习、去感悟、去思考、去探寻其真谛和智慧，我只是提供了我自认为研究和实践管理的途径和境界，希望这些文字有助于读者对管理的阅读、理解和思考！

席酉民博士

西安交通大学

推荐序
Foreword

求真、求善与求美的领导力

我很高兴地得知马奇《论领导力》一书出版中文版的消息。我在2008年第一次读这本书,几乎是一口气读完,此后多次重读。关于领导力和管理的书籍,我如果不是读了上千本,至少也读了几百本,大多数都不值得再读一遍。但是这本薄薄的《论领导力》,我多次重读,而且每次重读都有新的领悟——这就是马奇思想的魅力。

马奇的领导力思想是独树一帜的。我把领导力研究概括为三种范式:科学范式、经验范式、人文范式。它们的主角不同,分别是学院派、实践者、思想家。它们的目的不同,分别是求真、求善、求美。马奇是人文范式的代表人物。

科学范式

科学范式是学院派的范式。他们以实验、调查、统计等科学方法,借用自然科学的套路对领导力进行研究。绝大多数象牙塔之内的学者都可以归入这一派。他们也许在学术圈内是知名领导力学者,但对领导力实践几乎没有影响,他们的研究是做给其他研究者看的。

科学范式基本上是在自娱,而且还没有做到自乐。领导力学者诺瑞亚(Nitin Nohria,从2010年起担任哈佛商学院院长)与同事一起指出:"尽管领导力位于大多数高等教育机构的使命和目的的核心,但在这些学院里关于领导力的严肃学术研究是少之又少。"[1]

科学范式的代表人物之一加里·尤克尔（Gary Yukl）在自己撰写的领导力教材中也有这样一段灰心丧气的话："过去几十年中，领导学领域一直陷于争论和混乱之中。关于有效领导完成了数以千计的实证研究，但大多数研究得到的结果并不显著、不一致，并且难以解释。"[2]

这里的引文照抄了尤克尔教材的中译本，其中"领导学"一词是误译，其实就是领导力。英文中没有"领导学"这个词，也没有这个学科。科学范式的窘境也跟这个有关：领导力不是一个学科，而是跨越多个学科的重要现象；而科学范式对学科界限比较看重，因此有些不知所措。

经验范式

经验范式是实践者的范式。市面上绝大多数领导力书籍都是经验范式的产品。其作者有些是实践者本人，比如《赢》等畅销书的作者、通用电气公司前CEO杰克·韦尔奇（Jack Welch），还有《领袖们》一书的作者、美国前总统理查德·尼克松（Richard Nixon）。他们基于亲身经验和个人的非系统性观察，提炼出关于领导力的个人见解。还有些作者则是他们的枪手，或是记者或者咨询顾问。

经验范式的有些代表人物也栖身于象牙塔之中，不过处于边缘地带。比如以提倡学习型组织而知名的彼得·圣吉（Peter Senge）尽管在麻省理工学院任教，但并不拥有终身教职。管理大师彼得 F. 德鲁克（Peter F. Drucker）大概是这群边缘人物中最有名的。他尽管是拥有终身教职的教授（生前在以他的名字冠名的一个小型商学院任教），但是他的研究并不符合现在的学术规范。

德鲁克是这么做研究的："所有我遇到过的卓有成效的领导者——既有我与之共事过的，也有我只是旁观过的——都知道四件简单的事情。"[3] 这样下结论也许不科学，但是德鲁克的洞见对从事实际工作的领导者有很大启发。经验范式的研究不是做给其他研究者看的,而是做给实践者看的。

德鲁克其实没有在大学里学过管理学,因为他上学时还没有这门学科。实际上德鲁克认为管理学是自己发明的,只不过学术界不这么认为。德鲁克去世后,《哈佛商业评论》一篇纪念他的文章这么写道:"一些人,尤其在学术界内,认为他与其说是学者,不如说是记者;与其说是记者,不如说是油嘴滑舌的概括者罢了。"[4] 然而,德鲁克对包括美国、日本、中国在内的国家和地区的管理实践产生的巨大影响,是其他任何学者难以相比的。

人文范式

人文范式是思想家的范式,马奇是这一范式的代表人物。

马奇其实也是科学范式的代表人物,在管理的学术领域有重要贡献。[5] 他早期所做的对大学校长领导力的研究[6]被认为是对领导者绩效的两个经典研究之一。[7] 不过他后来在领导力这个课题上放弃了科学方式。马奇曾经对我说:"已有的研究领导力的文献不是很好,只是许多宣称和断言。要么很难搞清楚它们的意思,要么没有太多支持的证据。"[8]

马奇开创了领导力的人文范式。1980～1994年,马奇在斯坦福大学商学院开设了15年的"组织领导力"课程。马奇说这门课程建立在三个信念之上。

- **信念一**:领导力的主要问题和人生的主要问题密不可分。
- **信念二**:对于受过教育的人来说,伟大的文学作品是学习这些问题的最佳渠道。
- **信念三**:包括商学院在内的教育不应该只是为学生提供成功秘诀,而应该回归教育的古典意义,即"帮助人们考虑多种方式,用来理解关于人类存在的基本难题和人性的本质"。[9]

因此，这门课程的主要教材是莎士比亚的《奥赛罗》，萧伯纳的《圣女贞德》，托尔斯泰的《战争与和平》，还有塞万提斯的《堂吉诃德》。通过对这些经典文学作品的讨论，马奇引导学生从多个角度和深度来思考领导力。

马奇还建议领导者读诗。"领导者的一个问题是他们生活在一个要求清晰的世界，清晰的目标，清晰的理解，精确的判断。但是他们生活的世界并不清晰，自相矛盾，等等。"因此他们应该读诗。"因为在大多数时候，诗歌都在两个方向展开。两件事同时进行，你必须同时看见它们。"[10] 马奇本身也是诗人，出版过11部诗集以及从诗歌讲领导力的"论文"。[11]

人文范式其实很难称为一派，因为其人数稀少。在马奇之外，组织社会学家加雷思·摩根（Gareth Morgan）和哈佛商学院商业伦理学教授小约瑟夫·巴达拉克（Joseph Badaracco, Jr.）也许可以归入这一派。摩根在《组织的形象》[12]一书中引入不同的隐喻来思考组织。巴达拉克在哈佛商学院开设的领导力课程与马奇一样，采用文学作品作为教材，呈现领导者面对的伦理困境。[13] 他们的共同特征都是不求"真实"的结论或"确定"的行动指南，而是激发对"可能性"的思考。

求真、求善与求美

三种范式关心的主要问题实际上都差不多，只是探讨的出发点、方式和目的不同。

科学范式求真，想要真实地描述世界；经验范式求善，想要改善人们的社会实践；人文范式求美，想要激发人们以不同的方式思考领导力。

科学范式以发现领导力的真相为目的，然后希望你据此行动，其出发点是真理是可以通过科学方法发现的。然而科学有其局限性，人类社会与自然界不同，因果关系往往晦暗不明，从真理到行动的路径也模糊不清。而且，科学范式的研究失之零碎，缺乏把众多片段整合到一起的框架。

经验范式的目的是明确提供行动指南，其出发点是问题可以解决，至少可以发现更好的行动方案，而发现方式则是对鲜活经验的观察、反思和概括。其局限性主要在于小样本的可推广性以及非系统观察的科学性，优点则在于实用性、洞察力以及往往提供了一个整合的框架。

人文范式的目的是激发思考的深度和广度，其出发点是正确的行动方案可能多种多样，因此主要任务是发现各种可能性背后的取舍，而这些可能性和取舍并非领导力或管理所独有，而是更为广泛的人生问题的回响。因此，我们可以借用文学艺术作品来思考领导力。

领导力求真、求善、求美，三者不能独行。

市面上的领导力书籍以求善的经验范式为主，质量参差不齐，大多数失之武断；还有少数专门的领导力教材（一般被称为"领导学"教材），求真而不够真，而且脱离实践；求美的领导力著作则如凤毛麟角，非常罕见。

马奇的《论领导力》一书，以求美为基调，兼顾求真与求善，其思想的高度与深度令人惊叹，用颜渊说孔子的"仰之弥高、钻之弥坚"来形容，可以说是再合适不过了。

刘澜

正道领导力中心创始人、北京大学汇丰商学院管理学教学副教授

注释：

1. Nohria, N., & Khurana, R. (2010). Advancing Leadership Theory and Practice. In N. Nohria & R. Khurana (Eds.), *Handbook of Leadership Theory and Practice*,

Harvard Business Press, pp. 3-25.

2. 尤克尔. 领导学（全球版·原书第8版）[M]. 朱舟，等译. 北京：机械工业出版社，2014:293.

3. Drucker, P. F. (1996). Not Enough Generals Were Killed. F. Hesselbein, M. Goldsmith, & R. Beckhard (Eds.), *The Leader of the Future*, Jossey-Bass, pp. xii-xv.

4. Kantrow, A. M. (2009). Why Read Peter Drucker. *Harvard Business Review*, November.

5. 根据鲍曼（Lee Bolman）和迪尔（Terrence Deal）两位学者的研究，在管理学领域前15项最有影响力的学术成果中，马奇有两项。一项是他和理查德·塞尔特（Richard Cyert）合著的《公司行为理论》一书，排名第二；另一项是他和后来获得诺贝尔经济学奖的赫伯特·西蒙（Herbert Simon）合著的《组织》一书，排名第五。见鲍曼，迪尔. 组织重构——艺术、选择及领导[M]. 桑强，高杰英，译. 北京：高等教育出版社，2005:476-477.

6. Cohen, M. D., & March, J. G. (1974). *Leadership and Ambiguity: The American College Presidents*. McGraw-Hill.

7. Podolny, J. M., Khurana, R., & Besharov, M. L. (2010). Revisting the Meaning of Leadership. N. Nohria & R. Khurana (Eds.), *Handbook of Leadership Theory and Practice*, Harvard Business Press, pp. 65-105.

8. 刘澜. 领导力的第一本书：跟大师学领导力[M]. 北京：机械工业出版社，2016:176.

9. March, J. G., & Weil, T. (2005). *On Leadership*. Blackwell Publishing, p. xi.

10. 刘澜. 领导力的第一本书：跟大师学领导力[M]. 北京：机械工业出版社，2016:190.

11. 刘澜. 诗、马奇与领导力[J]. 清华管理评论，2016(5).

12. Morgan, G. (1997). *Images of Organization*. Sage Publications.

13. 刘澜. 领导力的第一本书：跟大师学领导力[M]. 北京：机械工业出版社，2016:191-207.

译者序
Preface

管道工与诗人：马奇眼中的领导

马奇鲜为人知的角色：领导力教师

2003年，《哈佛商业评论》推出"管理大师心目中的大师"排行榜，排名第一的是素有"管理学发明者"之称的彼得·德鲁克，第三名是曾获诺贝尔经济学奖的著名学者赫伯特·西蒙，而西蒙之前、德鲁克之后则是多领域大师詹姆斯·马奇。马奇是当之无愧的大师中的大师，他曾在斯坦福大学同时担任管理学、社会学、政治学、教育学教授，被公认为是过去50年来在决策制定和组织领域最有贡献的学者之一，不仅如此，他在组织、决策、领导力、制度等多个领域都颇有建树。

然而，这并不是全部的马奇。他甚至不在意大家所赋予他的"大师"称号，相反，他更希望自己被称作老师。作为一名老师，他长期讲授"组织领导力"课程。自1980年到1994年马奇退休，每年有300～400名学生选这门课（包括约100名MBA学生）。在这门课上，他要求学生阅读《堂吉诃德》《战争与和平》《奥赛罗》等经典名著，并引导学生在阅读的基础上讨论领导力。这门非同寻常的课，已成为一段传奇。对于领导力，马奇并不主张学者进行严肃严谨的研究，自己也很少发表领导力方面的论文。但这丝毫不影响他对领导力的重视，15年里他潜心领导力的教学，而后还制作了两部电影：2003年的《激情与戒律：堂吉诃德的领导力课程》以及 2008 年的《英雄与历史：〈战争与和平〉的领导力课程》。他认为这门课最重要的目的之一是要警示人们：你们对领导力的思考方式，不一定是正确的。那么，马奇到底如何理解领导？

马奇的领导观：关注组织运行，而不是英雄式领导

当前，关于领导有效性和最佳领导风格的书籍数量快速增长，而这些书籍往往将领导者个人化、英雄化，并将领导力刻画为"非凡的才能产生的非凡结果"。组织理论家、组织历史学家，尤其是组织管理者都不由自主地放大了个人因素在组织历史中的作用，并进一步造成了组织发展过程中对个人的过度关注。尤其是大家在讨论组织与领导力的议题时，常不自觉地把焦点放在激烈干预和英雄式领导上面。不可否认，这的确是一套似乎能自圆其说的话语体系，但我们必须深入分析组织运行的根本性挑战。

在探讨领导力时，学者们建构了复杂的理论来强调领导的作用。然而，如果在一个组织中看到的是：永远冗长的队伍；无人答复的来电、来信；长期短缺的办公用品；相互推脱无法完成的任务时，我们应该把注意力转移到影响组织运行的根本要素上去。那么，什么是组织运行的根本要素呢？马奇给我们举了一个有趣的小例子。

假设有人到美国调查人们对交通事故的反应，那不同的地区将向他呈现完全不同的景象。

- 在佛蒙特州，事故将无人问津。居民们不打扰别人的生活，也不希望自己的生活被打扰。
- 在佛罗里达州，事故将引起围观。人们会给伤者送上慰问，对发生这样的恶性事故表示由衷的难过。
- 在纽约州，事故将引起争执。人们会和伤者争吵，讨论谁该为这起恶性事故负责。
- 在加利福尼亚州，事故将被交给政府。警察、护理人员甚至旨在安抚目击者的心理医生会带着最先进的设备赶到事故现场。
- 而在艾奥瓦州，大众将会参与到事务处理中。当警察赶到现场时，居民们已经用自己的车将伤者送往医院，街道也已经被打扫干净。

以上处理方式各有特色，然而毫无疑问，通常情况下，艾奥瓦州的方式是最好的。这个组织中的一切有条不紊，每个人各司其职，出了问题能迅速处理妥当。组织运行想要实现这种状态，以下这4个要素是非常根本的。

第一个要素是组织遍布平凡胜任力。不可否认，专门化是一个强大而有用的组织工具。但如果一个组织过分崇尚专门化，一旦遇到问题就需要专家进行解决，那么组织将是效率低下的。德军以高效著称，究其原因，很多中士都明确知道自己需要做什么，并能自动且高效地完成它。这是一个组织良好运行的根本，然而，实现它是有难度的，因为它要求组织内全部基础事务都由相应的人负责管理。

第二个要素是相互依赖的自主性。把组织比作一条船，如果它能摆脱机动船的发动机和方向盘，像帆船一样扬起风帆徜徉大海，那么这个组织将更加有效。如果组织中的个体之间能够相互授权、相互信任，彼此之间有互不干扰的充足缓冲，靠非正式的安排与信息传递实现协作，这样组织会形成一种默契：你知道我在做什么，我知道你要做什么，彼此之间的合作不需要过多的沟通。

第三个要素是必要的冗员。冗员给人的刻板印象是低下的运行效率和高昂的运行成本，然而必要的冗员却不可或缺。如果组织中没有冗员，其内部任何微小的失败都有可能导致整个组织的失败。特别地，当组织的运营规模增长、复杂性增高时，这种可能性将急剧增加。一个运行良好的组织中，每个人都是重要但非不可或缺的，任何任务都有备选方案，任何一个个体因素都不会对组织目标的达成造成太大的影响。

第四个要素是不掺杂个体情感的相互信任。一般认为，信任是建立在个人感情之上的，亲情、友情、爱情都是很好的例子。而组织中的信任是超越个人情感的，这种信任建立于对双方工作态度、工作能力以及相互对隐私的尊重等方面的肯定。组织中在同级乃至上下级之间，这种信任的建立尤为重要。

倘若发现，一个行之有效的组织中，其决定因素往往不是领导者本身，而更多地取决于组织本身的制度、文化和全员的能动性，那么这就有违大多数领导研究所秉持的假设：过分看重领导者本身并将管理和领导看得过分崇高和伟大。其实，与普通人相同，领导者都会希望自己是重要而不可替代的，不同的是领导者有很多证据可以用来表明他们的重要性，尽管其中的很大一部分可能会误导他们。

在组织中，一个经理人越靠近组织顶部，意味着职位的升高、权力的增强、待遇的提升，但并不意味着其对组织绩效的贡献以同样的比重在增大。事实上，越靠近组织结构的顶端，领导者对于组织目标的贡献将越来越难以衡量。因此，我们虽然承认正常运转的组织中，领导者是重要的甚至是必要的，但由于其不可区分性，没有谁是不可或缺的。如果组织中存在很多不可或缺的领导，该组织则是低效甚至无效的。在一个有效组织中，两个副总裁之间的差别很难分辨。

能走上领导职位的人通常都有一系列履历来证明他们的能力、胜任力和决策力，使他们坚信成功是他们的能力、品质和努力付出得到的回报。然而，成功学的研究并不能支持这一论断。马奇表示："依据组织中的成功学研究，大多数组织中的成功人士，与其他行业并无不同，其独特之处都是由于在生命早期做了两个明智的决策：选择父母和选择性别，如果你选择了男性并拥有成功的父母，那么你有更大的胜算成为成功的经理人。"诚然，这两个因素不能厘清成功者和平庸者全部的差异，但不可否认，它的解释力比其他任何因素都强得多。

马奇论领导角色：疏通管道与书写诗歌

由于对领导者"英雄化"倾向论断的反对，马奇着重强调往往被忽视的领导力"世俗化"层面。实际上，社会要正常运转，领导力是重要的。马奇指出，领导力有两个基本角色：疏通管道和书写诗歌——为保证日常任务效率做基础工作的同时，不被结果所束缚，像诗人一样欣赏人生，并传播人生的乐趣。

平凡的胜任力、相互依赖的自主性、必要的冗员、不掺杂个体情感的相互信任，这些组织运行的要素不大气，不磅礴，不有趣，但它们是行之有效的。同样，领导者也不需要一套符合领导标准的特质与履历，领导的核心同样平凡而朴素，就像提供疏通水管服务的管道工，尽管趣味不足、魅力尚缺，却是日常生活中不可缺少的组成部分。

领导的第一个核心是胜任力。胜任力是最重要的，它要求把工作交给懂的人来做。人人都有能力完成自己的工作，才能保证组织实现正常运转。培养胜任力的途径通常是避免主观偏见，根据能力进行任用和提拔。现代管理理论给我们提出了新的建议：劳动分工、专门化、常规化与岗位培训。

领导的第二个核心是主动性。主动性所描述的是系统自动、高效地进行运转，发生的问题往往能够及时得到解决。主动性实现的途径是建立健全的授权机制和忽略偏差。授权意味着留给下属自由发挥的空间，大多数人看不到所有的事情。这带来了不可避免的偏差，领导需要把握组织合理的偏差量。若要鼓励主动性，适当地忽略偏差是必要的。

领导的第三个核心是认同感。认同感意味着组织中的成员因为自己在组织所做的事以及作为组织中的一员而感到骄傲。组织中的每一位相互信任、相互鼓励、风雨同舟、荣辱与共。领导可以通过以下措施推动认同感：建立合作的组织文化；激励团队的凝聚力和效力；将个人工作与组织目标相融合；让团队成员感受到来自外界的威胁。

领导的第四个核心是不引人注目的协调力。当成员们拥有高效、迅速、低成本的协调力时，组织的运转才是有效的。要培养不引人注目的协调力，可以通过标准化操作流程、信号与信息共享流动、保持必要的冗员来达成。

以上这些平凡事物让领导人走出象牙塔，走入大众的视线。不过这不是全部的领导，领导力能够超越"世俗化"的层面，但其途径是"诗化"，而非"英雄化"。在伟大的行动和身份的驱使下，领导也需要有诗人的天赋，来为行动找到意义。马奇的信条是不给人实质性的建议，但他还是给了一个建议：去读一本经典文学作品、念一首诗，并从中找到启发。

当认清了组织运行中的大部分事物都是基础而平凡的，自己很难发现正在努力的事情有多大意义时，领导未免自怜自艾、愤世嫉俗、感叹自身之渺小。不过，塞万提斯的《堂吉诃德》给了我们解释，主人公向唐·德·米兰达如是描述自己："你一定觉得我很疯或者很傻，其实我既不疯也不傻……所有的骑士都有其使命……既然我有幸成为一名游侠骑士，我就要尽自己的一切努力完成这些使命。"堂吉诃德并不是一个领导者的好样板，但他对于伟大的行动却有着可供参考的独到见解。大多数人行动的理由是对行动结果的期待，但堂吉诃德对结果不甚关心，他非常清楚他是谁，并因此采取行动，他的至理名言是"我知道我是谁"。堂吉诃德的人生观区分了伟大的承诺与伟大的结果，他强调义务而非回报，强调认同而非结果。他用认同导向的逻辑取代了结果导向的逻辑，这一点值得大部分领导者学习。如同堂吉诃德，领导不需要现实中代表成果的奖牌来为信念辩护，而需要来自身份的光荣意志力使自己毫无保留地付出。

不过，领导者并不是下一个堂吉诃德，他需要在认同导向的逻辑与结果导向的逻辑中找到平衡。领导力需要强烈的结果主义导向来肯定功利主义，同时也需要源自其身份的热情去为非功利主义辩护。正是这种"极度理性"与"自我欺骗"的缠绕，成为领导力让人敬畏的关键所在。

科学与人文之间

美国是科学至上的国度，因此马奇强调人文。倘若来到人文底蕴深厚的中国，马奇兴许就会拿出另一套论断来弘扬科学了。他鼓励人们向堂吉诃德学习，并不是要人人都变成堂吉诃德，而是期望能在身份和结果的逻辑中寻求一种平衡。用他自己的话说"在这个文化中，对这些人，我尽我之力把他们推向堂吉诃德。但万一他们都跑到堂吉诃德那一边了，我大概要反方向把他们拉回来"。这种自我认知，正体现了知识分子在社会中应有的价值。因此，聆听过马奇的领导力课程，知其意忘其言，得其神弃其形，或许是正道。

序言
Foreword

天才马奇

马奇的想法是令人不安的。

詹姆斯·马奇在社会科学领域享有极高的声誉，如同一座智慧的源泉。因此，这一领域的作家经常在自己的作品中引用马奇的语录。然而，马奇的作品应该归为哪一类呢？从学科看，他的题材和贡献范围横跨了组织的社会学、政治学、管理学和经济学。并且，这种用学派和范式划分的方法，并不能涵盖马奇工作的全部，除此之外，他还为所有的人提供了灵感：他的一些同事，尽管有自己的想法，却通过他的工作来提升自己的创造力。他对知识的追求可能令人眼花缭乱，但他向所谓的"规范科学"提出了质疑，因为他的贡献挑战了这种对知识尝试分类的企图。对于许多出版社来说，尽管詹姆斯·马奇的名字是声望的象征，但他书中的内容却是极端非正统的，出版并不符合畅销书标准的书籍，财务风险太高。

人们有时会不可避免地产生怀疑，马奇的想法真的是基于科学并且无懈可击的吗？这本由詹姆斯·马奇和蒂里·韦尔创作的书涉及了对艺术的讨论。马奇还敢于出版充满敏感性且兼具深度的诗歌。由此可知，他是一位从不忏悔的美学家和老练的享乐主义者，对他来说，社会科学并不是生命的全部和终结。马奇的科学活动（撰写文章并进行严格的分析）并不局限于他的专业领域；同时，他对音乐和文学的热爱并不仅限于他的个人生活和闲暇时间。对马奇而言，科学与艺术处于一种持续而丰富的互动中。

马奇的思维通常与现在社会科学中普遍存在的术语联系在一起：新制度主义、垃圾桶模型、注意力、有组织的无政府状态等。如果对这些表达进行更细致的考察，就会发现它们更接近于隐喻而非实体的概念，而对隐喻的利用则是诗歌的典型特征。虽然这是一个重要的功能，但在科学工作中隐喻却被低估了；然而，它的价值体现在质疑被接受的观点、把假设清晰化以及批评隐藏在假设背后的理论模型等方面。艺术使学者能够发挥他们的直觉，从而产生新的解释和概念方案。诗歌、文学和音乐是把握和分析事实的催化剂。因此，隐喻在本质上不是真实的，也不是虚假的——它的价值是基于评估开发更深的知识来判断的。

《论领导力》一书呼吁用恰当的隐喻来理解人类企业的运作方式。通过重读那些伟大的文学作品，这本书展示了社会中那些难以摆脱的不一致性。这本书展示了马奇作为一个发现者，为这个原本由暂时的真理和不可捉摸的陈词滥调所区分的世界建立了更有效的解释系统。因此，任何一个职业涉及知识传播的人都需要阅读马奇和韦尔的这本书，这本书中反映了影响和塑造马奇工作的叛逆精神。

马奇的课程挑战了主导当下大学MBA课程的假设。这一课程提供了一种科学和智慧的方法来教授典型的商学院学生，特别是通过经典的戏剧和小说来阐释课程的观点。完成这一壮举需要的不仅仅是想象力，还需要勇气。

我曾多次发现，公司老板们正在培育一个秘密的花园：研究著名的作品和古典作家，专注于战争的艺术和战斗中的领导。克劳塞维茨、埃帕米农、拿破仑让他们思考，激励他们面对竞争者，想出战略，制定策略，并在战场上集结军队。相比而言，管理研究则提出极其简单化的观点，并且远离现实的商业世界。

马奇和韦尔的书中所借鉴的作品，并不那么具有军国主义的基调，却深深地书写了激情与愤怒。通过要求学生阅读塞万提斯、莎士比亚和托尔斯泰，马奇吹响了挑衅的调子，并演绎了一场叛乱。

詹姆斯·马奇不喜欢在公共场合发表批判性的言论。如果他看到在科学上不可靠的情况，或者在道德上站不住脚的想法，他更倾向于先保留自己的意见，但他迟早会用基于规范的社会科学研究来予以回应。这就是为什么他少有的还击，尽管被层层打磨，依然能有如此大的能量。

从某种意义上说，《论领导力》一书是马奇和韦尔对他们的组织关注点的一种回应。为这本书的形成播下种子的这门课程，是一位教师对一个学术问题提供的方案。目前在商学院中占主导地位的研究方法，都面临着一种危险的矛盾，同时也是这种矛盾的受害者。

这些学校承诺通过科学知识，特别是与社会科学相关的专业课程来教育未来的商人。然而，最近，尤其是在过去的几十年里，这些知识却越来越少。基于研究的训练已经被填鸭式的训练所取代。在课堂上，未来的MBA毕业生只会得到"培训师"提供的专门针对"培训"的指导，科学和研究的逻辑已经荒废，或者被驱逐出教室。学校被简化为劳动市场的工具。它已经成为商业界的神学院：它选择并认证毕业生，宣传并合法化商业世界认可的价值观以及规范。

这一趋势得到了多种方式的煽动。学生们被强制灌输形式化的模型、强有力的指标和程序工具。他们被灌输一种世界的图景以及鼓励确定性、规范性措施以及管理者主导的行动。卓越被简化为解决方案的制定。学生们被教导要通过条件反射来做出行动；学习如何思考成为次要的问题。在这些培训工厂里，关于处理与不确定的世界、弱指标、渐进的行动、异质的理性、变量和特定的环境以及为行动结果负责任等方面的知识被边缘化。自由和创造性的思维几乎很难看到，学生们只能吸收现成的思想和行动。

马奇和韦尔这本书的优点之一，就是提醒管理者一些深刻的真理，包括领导力并没有一致认可的来源这一事实。

如果我们相信当前的想法，那么领导力问题早已得到解决。这些想法认为，在世界的每个角落，最好的情况将会是，由领导者引导并监督一个他提供了愿景或使命的团体，并且他作为情感和制度的参考点。在政治、商业和私人生活中，一个独特的因素造就了所有的区别：最终与领导者相关的是一种杰出的个人品质，而不是情境、环境或组织。顾问和商业培训师们没有误导市场，只是他们急于提供那些明确提到领导力的产品。此外，也有大量的广告兜售创造性或动态的领导力。

这是一场彻底的转变！从 20 世纪 60 年代到 80 年代，这一时期的标志是组织的胜利，对科学理性的追求以及对程序和技术的信仰。今天，人们期望那些有超常能力的个体的行动是卓越的，并且这种卓越可以从个人魅力和直觉等美德中看到。

很容易看出这样的观点是有争议的，容易受到攻击。从社会科学的角度来看，领导力仍然是一个模糊的话题。这究竟是什么原因导致的呢？是研究人员的无能，还是这个词的所指从本质上就是一种难以理解的现象？可以肯定的是，培训行业不停地回收再利用那些与领导力的联系并不明显的材料和技术，例如360度和团体动力学等，有时甚至是明目张胆的机会主义行为。

这本詹姆斯·马奇和蒂里·韦尔的书以精湛的方式拓展了我们对这个话题的理解。它重新聚焦于道德困境和私人生活；讨论权力和热情；它表明，为了找出领导的本质，我们必须超越社会科学的狭隘定义。尽管作者们有较大的自由，但他们以一种负责任的方式来达成目的——他们既不是煽动者也不是散文家，而是研究指导下的教育者。

让-克洛德·汤尼格
（Jean-Claude Thoenig）
欧洲工商管理学院
DRM，巴黎第九大学

前言
Preface

这本书是关于领导力的。这是当代出版物里老生常谈的话题,很难想象除了自负的作者和过度自信的出版商之外,还有谁会出版关于领导力的书。我不否认自负或过度自信在我身上或多或少存在,我希望这本小书的价值可以通过适当的篇幅和相对不寻常的起点和品质来体现。

这本书是基于我1980～1994年在斯坦福大学教授的课程形成的。该课程基于三个信念而开设。第一,领导力的主要问题与生活的问题没有什么区别。这一讨论是对人类生存的巨大困境的反思,只是这种讨论是在领导力的情境中。第二,伟大的文学作品是有教养的人们思考这些问题的源泉。通过莎士比亚的《奥赛罗》、萧伯纳的《圣女贞德》、托尔斯泰的《战争与和平》和塞万提斯的《堂吉诃德》这四部伟大著作所提供的视角,这本书对领导力进行了探究、怀疑和宽容的凝视。第三,教育,尤其是商学院的教育,不应该只为学生提供成功的处方。教育曾被视为一种更为古典的精神,它帮助人类思考理解人类生存的根本困境以及人类精神的本质。当然,这些史诗般的愿望在这门课程中远未实现,但他们的追求将人们从商科教育对直接相关性的糟糕追寻中解脱出来。

这本书的作者团队也很不寻常。本书是马修·克拉克将蒂里·韦尔[1]所写的法语版译成英文,而韦尔的法语版则是基于我课程的讲座笔记完成的。最初的课堂讲稿纯粹只是笔记,并不是已经完成的文章,因此需要很好的法语能力,以及蒂里·韦尔(法国物理学家、组织系学生以及前法国总理的顾问）的勇气。正如他在法语版的导言中所提到的，在用法语对课堂讲稿的解释中，在并不详尽的笔记中去重构一个你并没有参加的讲座课程，是一件很棘手的事情。他说，这一努力是"为了延续一种足迹，尽管它很模糊，但它的内容和教学方法都是原创的"。我不知道这个愿望是否值得赞扬，但我对他的追求表示感激。

这份工作是令人望而生畏的。课堂讲稿涵盖了 20 个 75 分钟的课程，长达 450 页。虽然这些笔记内容丰富，但却是不完整的，而且所讲的内容有时也会有所不同。韦尔需要把它们整理成一本可以阅读的书，同时大大减少篇幅，并有选择地详细阐述它们。蒂里·韦尔曾写过一本关于我对组织研究的贡献的书[2]，他承担了这个任务——我认为，在开始的时候，他没有意识到这可能会涉及什么。除了少部分例外，这本书中的文字都是由他完成的（由马修·克拉克从法语版翻译而来）。

这本书并不完全依照课程或课堂讲稿中章节的细节和顺序，也不追求每一个主题与笔记或课程所显示的内容吻合。书中的章节简略地讨论了在我已经发表的其他作品中被广泛探讨的话题，以便更充分地讨论那些课程中涉及不多的观点。例如，在组织中，决策、学习和风险的讨论在书中所占的比例要比在笔记中所占的比例小，而对性别和性的讨论的比例更大。

为了使本书篇幅适中，韦尔还去掉了一些在课堂讲稿中所讨论的、需要深入解释的问题。例如，课堂笔记（不是书）中在谈到性别和权力时有一大段对言情小说的讨论。其中包括在谈到爱尔兰革命和对专制的承诺时引用了叶芝（W.B.Yeat）的诗和《1916 年的复活节》，还包括对艾略特的诗《普鲁弗洛克的情歌》以及《奥拉夫·特里格瓦松的传奇》的扩展。同时，韦尔还纳入几个没有在课堂笔记中出现但在他看来特别相关的主题，例如，我对领导者的选择和声誉的看法以及如何高效地运作组织[3]。

从总体上看，这本书对于领导力的描述与常见的关于领导力的书一样，认为领导者没有那么英勇，也没有那么重要。它探讨的方法，使人们能够更充分地了解个人幸福与领导者的地位和行为之间的关系，从而帮助后者了解他们的野心、义务和挫折；帮助他人欣赏、支持和反抗领导；并帮助社会定义那些对社会有用、使民众满意的领导者的角色。

蒂里·韦尔对于演讲笔记的解读是忠实的，但他既没有提供完整的解释，也没有详尽或精确地再现讲课内容。文本通常是省略的，辩论的意义通常在于提供建议而非发展新观点，而文本的联系常常留给读者想象。因此，书中的章节与普通文章相比更像是一种散文诗。

我对于法语版没有严重不满或修改，这说明韦尔的解释很恰当。对于这个英文的翻译版也可以这样说。我在几句话中加入了一些词，但基本上，观点仍然是韦尔的。对我来说，从英语到法语再回到英语的转换不仅是非常迷人的，而且是有建设性甚至有创造性的。正如韦尔在这本书的法语版中指出的那样，我这份轻松的默许并不意味着事事明了。我认为，一篇书面文章属于它的读者的应该和作者的一样多，读者在文本中发现的含义至少和作者头脑中的一样有趣。至少在这种情况下，在英语翻译中有更多的"唤起"，而不是"堕落"。我感谢韦尔的创造力，感谢 Sally Heavens 公司和马修·克拉克的翻译，以及 Blackwell 公司编辑 Rosemary Nixon 的宽容。

詹姆斯·马奇
斯坦福大学

正如詹姆斯·马奇所回顾的那样，这本书试图保留一个踪迹，即使这个踪迹很模糊。马奇关于领导力的课程深深地打动了许多斯坦福的学生和学者，它的原始素材和教学方法都是原创的，但从未正式出版。我希望与他人分享我了解到的詹姆斯·马奇丰富的工作中的部分乐趣，乐趣的来源主要是阅读他的作品以及偶尔参加他的一些研讨会、会谈和公开讨论。马奇总是拒绝将丰富多彩的表演变成一个扁平线性的文本，我希望这个被我过分简化的工作报告的公开发表会激怒马奇，从而让他觉得有必要写一本关于领导力的书恢复真相。这并不是没有成功的先例：塞万提斯就在发现他人出版了一本虚构、平庸的续集后，写下了《堂吉诃德》的下卷。可惜的是，我这种粗暴的手法没有获得成功。让我欣慰的是，马奇写了一篇简短的文章"文学和领导力"。更重要的是，在这本书的创作过程中，他还写了剧本，用堂吉诃德的故事讲述了《激情与戒律》（我希望他和电影制片人史蒂夫·夏科特将它成功地制作成另一个《战争与和平》）。

本书不仅是对詹姆斯·马奇的致敬，也是对我父亲的致敬，他是我人生中的第一个领导者，他努力工作、忍受挫折，不求回报地为我提供心理、知识和物质的机会，去过一个不计成本且不追随传统的职业生涯。本书也是对我在不同场合中见到的管理者的致敬，以及对那些所有为组织的有效运作做出模糊但重要贡献的人的致敬。最后，向诗人、发明家、梦想家和朋友们致敬，他们的作品、他们的行为以及他们的人性，丰富和装饰了我们的生活。

蒂里·韦尔

巴黎高等矿业学院

注释：

1. J. G. March and T. Weil, *Le leadership dans les organisations*, © École des mines de Paris, Paris, 2003, ISBN 2-911762-50-9. Dépot légal: décembre 2003 Ecole des mines de Paris, 60, Boulevard Saint Michel, 75272 Paris Cedex 06, France.

2. Thierry Weil, *Invitation à la lecture de James March*. Paris: Les Presses de l'École des Mines de Paris, 2000.

3. James C. March and James G. March, "Performance sampling in social matches," *Administrative Science Quarterly*, 23 (1978) 434-53; J. Richard Harrison and James G. March, "Decision making and post-decision surprises," *Administrative Science Quarterly*, 29 (1984) 26-42; "Mundane organizations and heroic leaders," lecture by James March in Mexico in 1988, printed here as Appendix 2 and published in a French translation in *Gérer et Comprendre*, June 2000; "Les mythes du management", lecture by James March to the École de Paris du management, June 1998, *Gérer et comprendre*, September 1999.

目录
Contents

赞　　誉
出版说明
总　　序　学习管理　感悟管理　演练管理　享受管理
推 荐 序　求真、求善与求美的领导力
译 者 序　管道工与诗人：马奇眼中的领导
序　　言　天才马奇
前　　言

第1章　绪论 // 1
领导力的议题 // 3
领导力赏析 // 9

第2章　《奥赛罗》：责任、复仇与纯真 // 17
私人生活与公共职责 // 19
复仇与社会秩序？ // 22
聪明、纯真与美德 // 25

第3章　异端与天才：圣女贞德 // 39
探索与开发 // 41
基于可靠性选择的领导能成为富有创造力的领袖吗 // 42

多样性与一致性 // 45
　　圣女贞德 // 47

第 4 章　**模糊性、不相关性、权力和社会秩序：《战争与和平》** // 55
　　组织、模糊性和不一致性 // 57
　　人类的意图与历史无关 // 59
　　不相关与领导力的异常 // 65
　　权力的模糊性 // 69
　　社会秩序 // 73

第 5 章　**性别、性与领导力** // 81
　　组织中领导的性别 // 83
　　性、组织和领导能力 // 87

第 6 章　**想象力、承诺与快乐：堂吉诃德** // 103
　　堂吉诃德 // 105
　　想象力 // 106
　　承诺 // 110
　　快乐 // 116
　　堂吉诃德教会我们什么 // 120

第 7 章　**管道与诗歌** // 127

附录 1　**智力与理性：詹姆斯·马奇的工作概述** // 135

附录 2　**平凡的组织和伟大的领导者** // 151

On Leadership

第 1 章

绪　　论

领导力的议题

如何成为、担任、对抗和评估领导者是领导力的根本议题，但并非领导力所独有，而与更广泛的生活世界中的根本议题相类似。因此，运用伟大的文学作品比现代的论文或领导研究更能清晰地阐述这些议题。例如，考虑以下几个重要议题。

私人生活与公共责任[1]。领导者拥有私人生活，并可以从中获得情感上的平衡和人际上的支持，但他们时常会发现在公共生活系统中能获得更多的回报。领导力会破坏私人生活的隐私和质量。职位的重要性也会减弱个体间关系的真实性。个体与所处的位置紧密相关，因此人与人之间的爱与恨都会受到位置的影响。领导会吸引公众的好奇心与八卦，从而使个人隐私受到损害。追随者们希望了解领导的私人生活，因为私人生活与他们评估领导性格、与其建立关系相关。最后，私人生活会使领导的责任变得复杂化。个人动机与亲疏关系会影响领导者的行动。个人的嫉妒与忠诚会扭曲领导者的判断。人与人之间的信任会促进但也会弱化组织的行动。丰富的私人生活与作为组织领导者的生活真的可以结合吗？如何调节个人感情与组织责任之间的冲突？

聪明、天真与美德[2]。评论者对于领导是精于世故还是聪明的看法是矛盾的。一方面，领导者经常被描述为精明的资源与人才操纵者，由于其丰富的知识储备与行动干练而获得称赞。他们经常被描述为运用聪明遮遮掩掩、充满神秘感的人，以及运用计谋、有误导力的狡猾的专家。我们尊重他们胜过常人的聪明。另一方面，领导还被描述成不像通常意义上那么精于世故，而是具有本质上的天真，这种天真没有那些聪明人复杂卷曲的想法，能本能地直入问题的本质。这种简化的能力与所受到的教育、智力与礼节没有关系，而与用简单的方式连接生活的基本要素相关。在这种情况下，领导者常常由于他们的天真和开放，以及他们用真诚来激发和提升信任的能力而受到赞扬。在描述或评价领导力的时候，应该如何来体现聪明与天真、智慧与无知？

天才、异端与疯子[3]。伟大的领导通常被描绘成天才。他们被认为比普通人看得更长远、更准确。正因为如此有远见，他们比常人更敢于冒险。他们通过自己的想象力、创造力、洞察力和意愿来改变组织。然而，这些对伟大领导者的描述，将伟大与异端关联起来，因此这种描述与组织对安全、可靠的行为的需求（而这种需求是正当的）并不一致。虽然异端很多时候被反复证明是理想变革的基础，但大部分大胆的新想法都是愚蠢而易被忽略的。更多的时候它们带来破坏而不是带领组织到达新的高度。因此，伟大的领导者具有异端的特质，倾向于改革正统，但是大部分异端作为领导者会成为灾难。天才、疯子与领导者的关系是什么？我们如何从疯子中识别伟大的领导者？在我们还不知道是否是天才且历史也没有做出认定时，我们如何培养天才？

多样性和统一性[4]。从解决问题到人事政策再到意识形态的所有事情，领导需要在多样性和统一性、变异和整合、收敛与发散之间做出取舍。组织由具有相当不同的态度、背景、宗教、愿望、教育、身份、民族、经验、社会关系与风格的个体和团队集合而成。

而领导者会频繁地参与到减少多样性带来的问题的尝试中，例如，招聘具有相同的背景、经历与教育的人，使用说服、谈判、激励、社会化与鼓舞等手段把多样的才能与背景塑造为一种共同的组织文化。这种领导者希望打造一个具有和谐统一的目标和承诺的统一体的愿望，与领导者通过多样性来激发组织创新和社会竞争力的愿望是冲突的。领导如何在统一性与多样性中做出选择？两者可以兼得么？在什么情况下组织在某种程度上的统一是另一层面上多样化的必要条件？

分歧与一致性[5]。一般情况下，领导被当作推动一致性的力量，通过削减冲突和预防混乱来达成有效的组织行动。未来的领导者接受的教育是通过制定明确的目标与周密的计划，来消除不一致、分歧与复杂性。这在现代商业公司的原型就是企业战略与"商业计划"。然而，矛盾与分歧对变革与适应是有帮助的，简单强调一致性是对领导力和生活的片面理解。一般而言，有效的领导有同时生活在两个世界的能力：充满想象、虚构、梦寐的幻想世界，以及充满计划、规则、务实行动的秩序世界。领导者如何同时保持分歧与一致性？如何同时保持幻想与理性？如何同时保留冲突和形成解决冲突的方案？有才能的领导者在维持这些看似对立的事物时，在多大程度上和艺术、文学与诗意的想象相关？

权力、支配与从属[6]。很多现代的意识形态认为权力的不平等没有合法性可言。然而，我们追求权力并为之着迷。我们将个人权力等同于个人自我价值，将失去权力等同于身份和自尊的丧失。我们书写历史，并描述在改变支配与从属模式方面取得的进展。结果,我们同时将权力看成领导力的核心和替代物。我们很清楚层级与参与、权力与平等、控制与自由之间的张力。权力常常将所有者腐蚀,将品德高尚的人转变成怪物。同时,权力也常常被人为声讨,破坏人际关系中真诚带来的平凡的快乐。并且,权力常常被描述为难以捉摸,发生在神话故事中而非现实世界。领导拥有权力,他们如何使用它?有什么限制?成本有哪些?一个没有权力的人如何在以权力为基础的机构中生存?权力的道德困境是什么?

性别与性[7]。性别与性是现代生物学、社会学与意识形态领域重点关注的要素。它们广泛地影响着组织中的行为与对行为的解释。事实上,在所有社会中,领导都会和性身份与性别平等的问题联系起来。历史上,绝大多数领导是男性;而且领导的修辞与男子气概的修辞被紧密地联系在一起。对领导力的性别刻板印象的转变伴随着人们对男人女人们拥有(或没有)的独特的风格、个性、信念、行为的解读,也伴随着对官僚组织内外部男人和女人之间关系的理解。此外,领导似乎总是与性交织在一起。成为领导者以及被认为拥有权力是性诉求与性身份的重要组成部分。领导者常常受到性关系与不正当性行为的指控。那么,领导力中关于性与性别的这些显在元素如何影响我们理解、成为和做好领导者?

伟大的行动、伟大的愿景与伟大的期望[8]。领导学对理性的关注超越幻想,相对于偶然性与即兴发挥,它更加注重战略与愿景,注重思维而不是想象。领导的行动是有明确意图、由预期结果驱动的。付出成本是由于有预期的收益。在这种思想指导下,领导者需要具备对伟大的结果的预期来证明他们许下的伟大的承诺。他们需要相信自己可以有所作为。本书将探讨这是否是对于领导行为的适当描述，或者是领导足够强大的道德基础。特别地，我们希望探讨在因果关系模糊以及有效性难以达成的世界中，通过伟大的期望来对伟大的行动辩护到底意味着什么。在信奉一贯性的伦理面前，我们如何在面对不良境地或结果很难预测的情况下坚守承诺？组织与社会的领导者们如何维持对组织功效的幻想？这将导致什么后果？有没有替代性方案？

过程中的趣味[9]。人们对领导力与领导者的理解及对其合理性的判断通常是出于工具性的考虑。我们认为领导者可以促进组织在改进绩效过程中的协调和控制的方式。领导者会根据他们对组织绩效的贡献进行自我评价，也会受到别人的评价，也会得到补偿。与此同时，常被提及的是领导过程中的乐趣：地位的荣耀、承诺的乐趣、影响的快感、冲突与危险的刺激。这些趣味在很大程度上是独立于他们的成果的。因此，在理解领导力时往往涉及对过程的趣味与领导力对组织的贡献的计算这两者之间的匹配方式的认识。作为一个领导者的主要乐趣是什么？这些乐趣是如何影响领导者的聘任和行为的？是如何影响我们对领导力的认识的？

本书中探讨的关于领导力的这些关键话题取材于以下伟大的作者：莎士比亚、莫里哀、易卜生、托尔斯泰、塞万提斯、曼、歌德、阿赫玛托娃、席勒、司汤达、川端康成、萧伯纳、詹姆斯、陀思妥耶夫斯基以及巴尔扎克等。相比而言，这些伟大的文学作品能比其他文本以更深入、持久的方式关涉这些问题。这种关涉源于一种更深刻的领悟，即把上面列出的这些问题视作棘手的两难困境而不是要解决的问题。他们所处理的是伟大的丹麦物理学家尼尔斯·玻尔所谓的"深刻的真理"——认识到事实的对立面同样是深刻的真理。因为这些真理之间的争论一直都没有得到解决，他们创造了持久的个体间与个体内的冲突；并且，理解领导力需要牵涉来自社会、个人以及智力的痛苦。

然而，我们必须意识到，理解这些关于领导力的关键议题，不能被看成这些伟大的文学作品的主要意图。读好书本身就是目的，也能乐在其中。从特定的视角重读这些著作能够跳出传统的分析视野，因为伟大的文学作品的特点之一就是可以从很多视角做出解读，且永远不局限于这些特定的解读。

米歇尔·辛克（Michel Zinc）是法兰西大学文学教授，[10] 在2002年暑假对学生家长们说道：

放下任何关于职业生涯的想法，文学素养可以使生命变得愉悦！它能大大提升我们享受生活的能力！让我拥有读书（即使这本书并不容易读）并从中发现乐趣的能力，我们要读那些能够对我们长久以来思考的但无法给出答案的重要问题引起共鸣的书。因为人无法仅依靠自己而成长，因此在读书的过程中（那种从来没有对关键问题给出直接答案的书，它可能是一本小说或一首诗）让我们觉得"天啊，说得太对了"，并且我们所带给这本书的一切都会使它得以延伸，它所带给我们的一切也会使我们得以成长。

领导力赏析

本书的目的是赏析领导力，不是为了颂扬它而是为了基于我们的敏锐和理解充分认识领导力。领导力赏析，就如同音乐、艺术或文学赏析，是建立在知识的基础上，并提出观点进行评价。它是一种对体验的关涉，是创造、阐述、拥抱经验之美。对领导力的赏析，和对科学的理解、对诗歌的洞见、对艺术和音乐真理的追求以及对各种专业知识的阐述所需要的人类本能与能力是相同的。

赏析包含了创造性地理解领导力的张力，对生活的观察与隐喻之间的张力。在科学上，是一种观察与理论间的张力。在艺术上，是陈述与演出之间的张力。在自我发现上，是经验与意识之间的张力。讨论这些张力的伟大天才包括：哲学家，如克尔凯郭尔和乌纳穆诺；诗人，如华兹华斯和歌德；作家，如陀思妥耶夫斯基和易卜生；科学家和社会科学家，如达尔文和弗洛伊德。对领导力的赏析是一个古老的传统，正因为此，这种赏析可能包含巨大的狂妄与浅薄。

本书的焦点是对领导力的赏析，这是一个常见的议题。多数关于领导力的讨论都是评价导向的。我们评价领导者，评估他们的声誉是非常出色还是良好。声誉通常是不证自明的，对于结果及其吸引力通常存在模糊性。因此，声誉通常是观察者、会计师、记者、学者、领导者、竞争对手、朋友与敌人的判断共同建构的。声誉通过观察者的群体扩散，并时常发生变化。

同时，我们还对领导力在想法与现实间进行评估。正如伯特兰·罗素所说："我们需要欣赏艺术，但并不一定需要欣赏艺术家。"我们或许可以说，我们需要欣赏领导力，但并不一定需要欣赏具体的领导者。我们能从领导力的存在、实践与结果中发掘什么样的美丽与丑陋呢？我们解释了生活中领导力的地位，这种解释通常将两种重要的领导类型相区分。一方面，领导有工具性角色，这种角色隐含在最常见的组织技术中——官僚结构。与此同时，领导有一种象征性的角色，是我们在解释历史与经验时重要的组成部分，它与古老的神话故事相连并对现实进行解读。

这种对领导力的赏析充斥于现代媒体。历史被描绘成领导者的意图与行为的结果。领导人的传记是畅销书名单中经久不衰的题目。这些作品提出关于领导者在社会中的角色、领导的属性以及作为领导者与作为正常人之间的关系的一系列概念。他们创造了领导力的语言，一种充满愿景、权力与美德的语言。

领导力赏析，如同音乐或艺术赏析，涉及对常规知识与独特视角的结合，来产生更深邃的洞察力。它涉及对悖论的认知，感觉与分析（不一定一致）的同时存在以及对于知识趣味性的承诺。但最重要的是，它包含对领导力和领导者的认可。这不意味着对权力的承诺，但在根本上意味着一种积极、整合的视角。正如伟大的艺术评论包含着不同于他人所看到的对艺术当中有价值事物的发现，领导力赏析也包含了寻求领导力使人变得高贵而不是将人贬低的解释。这一野心十分宏大，但这正是野心的所在。

对于领导力的赏析首先取决于对**人类身份的看法——一个表述个体人类在自然世界中的角色的概念**。领导力与人类控制其历史的野心有关，任何关于领导力的解释都是从人类在世界的秩序中的中心地位或中心地位的缺乏这一基本观点出发的。对领导力的解释还建立在一个好的生活对个人成功的依赖这一观点之上。成功到底对自我的自主性尊严有多重要？善和恶在多大程度上是可知的？领导力的赏析还建立在对纯真的态度上。人类的胜利到底有多大的可能性？人类认识美德的能力是什么？美德在人类生活中被奖励的可能性有多大？把对领导力的讨论引入到对这些议题的关照之下等于把这种讨论置于令人绝望的非常困难的情境中，但这些议题是不能忽视的。

其次，领导力的赏析取决于**对社会组织的看法——一个关于治理和差异化的合法性基础的概念**。这引发了柏拉图、亚里士多德、阿奎那、卢梭、洛克和麦迪逊的共鸣。领导力赏析取决于对正义和代表性的看法。在很多情况下，任何特定的社会组织的合理性依赖于三个相当不同的问题。

第一个是**技术**问题：系统能否发现并实施相互吸引的资源之间的交换？是否有效？市场系统最伟大的声明是（通常情况下定理比观察更有力，但在某种程度上后者更有力）依靠帕累托最优来分配资源。

第二个是**政治**问题：权力与资源的分配是否公平？对于权力与资源不平等分配的经典判断，建立在治理对个体的影响以及个体对社会福利的贡献的差异之上。一个人受到的影响越大，对社会的贡献越多，他就有更大的合法性去拥有权力和资源。即使在这种合理性判断得到普遍认可的地方，有组织的系统也由于系统边界（空间和时间上的）和系统效应的不一致而处于永恒的困境中。

第三个是**道德**问题：权力与资源的治理与差异化系统对美德与美好生活有什么贡献？他们在多大程度上创造或维持了有吸引力的人或有吸引力的人生？

组织的基础是不是个体交换，在这种交换中，个体被假定为拥有先在的偏好和客观确定的资源，也被认为会通过交易和市场手段实现双赢？抑或，组织的基础是不是一种规则和制度的结构，这种结构包含了对于个体和社会身份的责任的先在看法？抑或，组织的基础是不是一种由搜寻共同的命运和塑造偏好、感觉、智慧的制度所主导的共同体？不同的概念意味着不同的领导隐喻——市场（经纪）隐喻、行政隐喻、政治隐喻、间接隐喻、父母或教育隐喻以及受托人隐喻。

第三，领导力赏析取决于**对社会行动的看法——一个关于生活中（尤其是在组织中）的行动基础的概念**。在绝大多数情况下，在选择理论中关于行动的当代观点认为行动是工具性的、连贯的以及主观合法性的。行动是工具性的，因为行动是基于行动者在特定目标下基于对行动的后果的预期而有意做出的。行动者也是理性的。行动具有连贯性是指目标与替代方案是清晰的，决策规则是明确的。行动者通过计算与比较不同备选方案的预期收益，从中做出选择。行动的合法性是主观的。一个基本假定是，某一个个体赋予特定结果的价值与另外一个个体赋予特定结果的价值不具有可比性，实用性在不同个体之间无法比较。因此，价值本身被认为是无法辩驳的。

很多领导力讨论中的中心议题回应了这些概念。领导力被描绘为需要伟大的行动，并因此需要巨大的期许。领导由于做出明智的工具性选择而获得称赞，也会因为无法做出这种选择而受到批评。

然而，与此同时，这种关于行动的概念一直受到批评。组织行为的学生观察到组织目标通常是模糊的、不一致的与变化的。历史的经验很难进行解释，经常是误导性的和不清晰的。领导的权力是模糊的，他们的成功与失败也是模糊的。行动理论的学生观察到，精于计算的、工具的理性不是人类行动的唯一基础。人类的行为常常被描述为不是基于对后果的计算，而是对特定身份的表达，是一种合理性的逻辑而不是后果性逻辑。并且，这种行动的基础通常被赞誉为能导致更深入人性、更有效的行动。

最后，领导力的赏析取决于**对自我的看法**——一个关于个体自身的概念，一种个体对于自然世界的适当回应。我们如何看待自己？我们寻求个人利益最大化吗？我们是否寻求机会来实现我们所扮演的角色的期望？我们是寻求共同体的公民吗？我们如何对普通生活的基本特征做出反应？我们如何对生活的不对称、成功、回报与权力的差异做出反应？我们如何对生活的模糊性以及世界、历史和欲望的不清晰性做出回应？我们如何应对生活的矛盾与困境？我们如何应对生活的荒谬、死亡的必然性和物种的无常？我们如何平衡个人生活与周围环境的需求？

这些问题引起了生活中的巨大冲突：对平等和谦虚的偏爱与对权力和自我主张的追求之间的冲突；对合理性工具性的承诺，对于利己主义的追求与对于责任、义务与追求正义之间的冲突。对于清晰、整体性、连贯性的渴望与对于模糊、不一致、冲突的喜好之间的冲突。对于人类重要性的主张与对于人类的无知与死亡的认识之间的冲突。

本书就是关于人类如何努力去面对这些问题的。这是一个光荣的传统，但人类只有在恐惧中才能发扬这个传统。对于这些问题的任何讨论都不可避免地存在不完整。它们就是生命和经验的一部分，无法被理解与解答。自创造人类正典最早的尝试以来，它们一直是哲学家、小说家、传记作家与诗人思考的养料——所有人都不可避免地意识到他们解决这些议题的能力是微乎其微的。

注释：

1. 这一主题在下一章看到的莎士比亚的《奥赛罗》，以及法国文学中拉辛的《贝蕾妮丝》、高乃依的《贺拉斯》和《熙德》等作品中都有探讨。
2. 这一主题在莎士比亚的《奥赛罗》和《李尔王》，马基雅维利的《君主论》，萨特的《脏手》以及加缪的《正义之士》中都有探讨。
3. 萧伯纳的《圣女贞德》；拉辛的《米特里达特》；托马斯·曼的《浮士德博士》。
4. 安徒生的《丑小鸭》；克莱斯特的《洪堡王子》。
5. 托尔斯泰的《战争与和平》；司汤达的《巴马修道院》。
6. 库斯勒的《零与无穷》；萨特的 The Devil and the Good Lord；Snorre Sturlson 的 The Saga of Olav Trygvason；斯科特·亚当斯的《呆伯特》。
7. Choderlos de Laclos 的《危险关系》。
8. 塞万提斯的《堂吉诃德》；陀思妥耶夫斯基的《白痴》。
9. 拉伯雷的《巨人传》；伊莎贝尔·阿连德的《感官回忆录》。
10. 法兰西大学由法国国王弗朗索瓦一世成立于 1530 年。在这里，学者们的唯一责任是每年至少教授一门原创的公开课。

问题

每章结尾的"问题"是在斯坦福大学教学中使用的例子。这些问题被用来激发思考与讨论，并引导学生去写短文。它们不能代表教师的态度与信仰。

1.1 当代对于大学里的领导力课程、领导力发展研讨会以及关于领导力的书籍的热衷，都是长期以来人们对于领导力和领导者的迷恋的延续，这种迷恋影响了历史学家、记者、小说家、传记作者以及各种故事记者。有两个基本理论可用来解释为何会有如此持久的迷恋。

（1）事实上，领导与领导力很重要；历史是由个体领导者的行动塑造的。因此，根据这个理论，我们认为领导者是重要的，因为他们确实很重要。

（2）虽然事实上领导者并不重要，但是社会公约规定历史故事要围绕领导者的行动来组织。根据这个理论，我们认为领导者是重要的，因为这是历史被书写的方式，并且历史也是这样被书写的，因为这是我们所期待的方式。

这两种理论都是有道理的，但很难根据经验观测在两者中做出选择。大多数可以用来支持理论一的论据，同时也可以用来支持理论二，反之亦然。尽管如此，每个理论都有热情和有力的拥护者。

这些理论为什么受到支持？哪些人可能更热衷于第 1 个理论？哪些人可能更热衷于第 2 个理论？对于领导力有什么影响？

1.2 领导力的讨论中最根本的难题，在于人们接受的前提假设是错误的。这一错误的前提是出色的领导力在个人简历中是一个加分项。事实上，领导力对个人而言应该是惭愧而非骄傲。大多数组织生活中的灾难都可以归结为领导者。作为领导者若使更多的人陷入缺乏吸引力的生活中，领导者自己的生活也会变得缺乏乐趣。

问题不在于谁成为领导者。领导者本身与其他人并无根本性的不同。问题在于领导者这一概念。它是以贵族的命令为基础的，而这已经被反复证明是错误的。命令的发出和接受也许在极少数情况下是合理的——正如我们的生活一样，但命令对人类的精神始终是有害的。

请对以上观点进行评论。

1.3 任何关于领导力的重要东西都不会从领导者嘴里说出来。任何成为领导者的人不再具备赏析领导力的能力，就像美国人欣赏美国经验，男性欣赏阳刚之气，艺术家欣赏艺术作品，老年人欣赏迟暮之年一样。理解需要被动的冷漠，解读需要保持距离。

请对以上观点进行评论。

1.4 现在的领导者主要是组织领导者，所需要的技能与神话中的英雄人物完全不同。传统英雄中典型的姿态与戏剧行为可能会带来一种基于怀旧的热忱，但如果是一个现代重要领导者所表现出来，将会得到嘲笑与反感而非效忠。

此外，现代生活中的重大危机并不是由经典英雄神话所造成的。相反，当代的危机是自我的危机。现代的英雄并不是那些克服外部威胁的战士，而是那些战胜药物、酒精与堕落的个体。因此，传统的领导力与英雄观对于我们理解当代英雄与领袖已经几乎没有意义。

请对以上观点进行评论。

On Leadership

第 2 章

《奥赛罗》：责任、复仇与纯真

私人生活与公共职责

从最早期的劳动分工到韦伯式的官僚主义,社会逐渐将公共领域与私人领域加以分隔。我们可以将此视为个人的异化,即个体仅部分履行自己的每个角色的职责。从另一方面看,也可以将这种分隔视为个体的一种解放,使个人生活可以独立甚至超越他们在集体中的角色。个体不仅拥有那些"交给恺撒"的东西,也不再被资本主义生产关系所束缚[1]。个体对其在公共领域的行为负责,并可以自由地在私人领域中尽情享受。人们由精英管理的社会中倡导的客观公正的标准来评判,而非由其出生时的地位或与其有关联的人来评判。

事实上,工作确实构成我们社会身份的主要部分[2]。在当代西方世界中,基于契约的关系(经济关系)相比于基于归属感的关系(家庭、团体、民族关系)重要性持续增加。作为公共领域的"市场"已经侵入私人领域:我们的偏好被广告所操纵,政治体制和机构的福利被视为消费品而非公民权的一部分。一些原本属于家长的责任,如今往往被委派或外包出去。这种对于公共和私人领域的韦伯式分隔,是在男性为主要劳动力的社会中产生的,并受到那些越来越不愿意(或不能)放弃她们的家庭责任的女性的质疑。

公共领域与私人领域还有其他互动:私人生活是丰富与重塑个人公共角色的重要来源。私人生活还有助于提升声誉,或者当一个共同体中的友谊或成员身份影响到专业决策时,私人生活还会成为腐败的来源[3]。反过来,公共生活也会影响私人生活:公共角色地位的提高将带来物质财富、声望与自信，与此同时，也会威胁到私人生活以及人际关系中的真诚。

此外，公共生活还包含情感的投入。职业生活会带来成就感、心理满足、（来自别人的）需求（职能带来的职责以及对客户或其代表的道德义务）、隐私（与家庭生活相比）以及丰富并深入的人际关系。

最后，不论私人还是公共领域，角色都是多重、复杂与混合的。个体可能被不同的、可能冲突的角色（公共与私人，尤其是与家庭、族群、宗教、团体有关的角色）撕裂。

领导者的时间分配取决于他们所追求的目标、与他们来往的人的期待（与习惯、亲疏程度有关）以及他们的经验，领导者也会基于理性评估来分配时间。所有这些因素驱使领导者努力工作，特别是当他们严肃地对待这一职位的挑战时。因此，领导者的私人生活与公共生活很可能会纠缠在一起，使得他们对自我的理解常依赖于他们公共职责的表现与命运。

公众（尤其是在美国）经常希望了解领导人的私人生活，来核实他们是否具有值得信任的道德特征（例如，比尔·克林顿和莫妮卡·莱温斯基事件）。也有些人深入研究领导的私人生活，以期与其建立更好的私人关系。这就像推销员都想知道客户的偏好，员工都爱钻研领导的审美与喜好。然而，这种亲密只有在内部的特权圈子里才能显示出价值。最后，领导者所受到的暴露其私人生活的社会压力是由多种因素造成的：首先社会渴望领导者中规中矩（选民们希望领导是可以预测的，以便提前预防），其次，领导者被期望成为他人的榜样，此外，还有虚伪的小人总希望领导者并不比他们正直。

面对相互矛盾的多重压力，我们可以想象以下几个平衡态。

- **阉人式平衡**：领导放弃他们正常的私人生活权利，就像现代君主受困于令人窒息的礼节和规矩，或者像放弃所有的个人乐趣投身于事业的工作狂老板[4]。然而，他们真的是"阉人"吗，抑或是伪装起来隐藏了个人的野心？他们是我们想要的掌权者吗？

- **掠夺式领导**：以追求他们的个人理想为目标（一个追求主导权的野心家、黑社会的老板），但他们是否拥有必不可少的责任感？他们是好的领导吗？能否寄希望于一双"看不见的手"来引导与控制个人的贪念，从而达到一个令人满意的社会结果呢？

- **对公共角色与私人生活的韦伯式分裂**。但这两者之间是否会相互影响？认同这种分裂的人是最好的领导者吗？

总的来说，奥赛罗属于第一种：相比私人乐趣更注重社会责任，从不会因为私人关系影响其领导行为表现：

凯西奥，我喜欢你，
但是仅限于你是我的员工。(II, 3)

以及

[当……] 我因贪恋欢愉而误了正事，

那么让主妇们把我的战盔当作煮锅，

让一切污名都成为我的标签。(I, 3)

奥赛罗的理念是领导者要胜任其工作，就应该有无可挑剔的个人声誉。他承认，如果正如勃拉班修所控诉的，倘若他不正当地诱惑苔丝狄蒙娜①，那么他将愧于他的领导地位。他还觉得自己有责任保护身边人的声誉，例如苔丝狄蒙娜的错误也会令他蒙羞。同时，奥赛罗认为公共领域的美誉为其私人生活带来益处是无可厚非的，例如与比其地位高或外族人通婚的权利。

复仇与社会秩序？

奥赛罗身上体现出一种贵族的理念：当一个人拥有权力，他有责任追求一种榜样式的私人生活，但同时，领导者在公共职责上取得的功绩也会为其在私人领域获得更高的社会地位。

这种贵族的理念与那些基于满足个人的野心和欲望而非为社会做贡献（掠夺式领导而非阉人）的投机分子之间形成鲜明的对比。在后一种情形下，那些认为自己受到不公正待遇而进行报复的人给投机分子带来恐惧，并在一定程度上促进了社会的公平。

埃古（Iago）就是这种威胁的典型代表。虽然他的品行恶劣，但他的行为具有道德正当性。他的报复欲源于对平等的渴求，因为

---

① 奥赛罗的妻子。——译者注

埃古怀疑奥赛罗诱惑了他的妻子艾米莉娅：

> 我怀疑这好色的摩尔人已经跳上了我的坐骑。
> 这种想法像毒药一样腐蚀我的肝肠，
> 什么都不能使我心满意足，
> 除非我和他扯平，老婆对老婆，
> 在他身上发泄这一口怨气；
> 即使不能做到这一点，我也要叫这摩尔人心里长起根深蒂固的嫉妒来，
> 没有一种理智的药饵可以把它治疗。（II，1）

在由这种想法主导的社会中，报复使得人与人之间的交流恢复平衡，从而保证社会的秩序。如果受害人的冤屈无法得到补偿（两方无法就合理的补偿达成一致，或损害无法补偿），则可能会行使对施害方报复的权力。只要这种报复的承诺是可信的，就可能阻止施害方对受害方的侮辱，从而促进社会正义。复仇是一种很少被讨论的动机，却是理解组织生活中的某些方面至关重要的因素[5]。

然而，报复作为维持持久秩序的基础很不稳定。人们对善与恶都有自己的评价，因此很难就什么是公平的达成一致意见。此外，促使侮辱发生的动机也许是非常不理性的。野心是贪得无厌的，它会随着不断被满足而不断增加。因此，任何靠恐惧达到的"平衡"很可能涉及野心升级的风险。为了使平衡保持稳定，必须对"轻微"的不公平有一定的宽容（例如：投资了3/4的资本，只获得1/4的利润）。同时，不要高估组织中其他人的威胁。

在事实模糊的情况下，复仇的经济性取决于对两种错误的风险的选择：相信有罪的人是清白的（假阴性）；相信清白的人是有罪的（假阳性）。本着这种精神，奥赛罗意识到只有说服自己认为苔丝狄蒙娜是清白的才对自己有利，尽管她是有罪的。

她瞒着我跟人家私通，我不是一无知觉吗？
我没有看见，没有想到，它与我漠不相关；
到了晚上，我还是睡得好好的，逍遥自得，无忧无虑，
在她的嘴唇上找不到卡西奥吻过的痕迹。
被盗的人要是不知道小偷儿盗去了他什么东西，
旁人也不去让他知道，他就等于没有被盗一样。（III, 3）

然而，偏执或善妒的人，更倾向于惩罚一个清白的人，而非让有罪的人得到惩罚。

埃古：我不知道这句话是真是假；
　　　　可是在这种事情上，即使不过是嫌疑，
　　　　我也要把它当作实有其事一样看待。（I, 3）

苔丝狄蒙娜：我从来没有给过他可以使他怀疑的理由。
艾米莉娅：可是多疑的人是不会因此而满足的！
　　　　　　他们往往不是因为有了什么理由而嫉妒，
　　　　　　只是为了嫉妒而嫉妒，
　　　　　　那是一个凭空而来、自生自长的怪物。（III, 4）

尽管报复不够稳定，它能成为组织中合法的监管工具吗？如果我们知道苔丝狄蒙娜确实背叛了，我们又该如何评判奥赛罗？谴责奥赛罗的愚蠢，而不为埃古有罪而未受惩罚而叹息吗？

不论是否合法，报复在领导的生活中占有重要的地位，因为他们：

- 暴露在下属的报复欲望之中；
- 常被操纵成为反过来报复他人的工具；
- 可以利用组织来报复自己的仇人；
- 控制别人的复仇本能。

聪明、纯真与美德

行动理论

前面对真实或者想象中的侮辱而产生的报复欲，向我们展示了人类行为的复杂性，及其对个体追求的显在目标和组织规章制度的影响的模糊性。让我们仔细思考这一点，然后再考虑莎士比亚作品的另一个方面：轻信他人的奥赛罗与善良的苔丝狄蒙娜之间的关系，被阴险的埃古施以诡计所破坏。

我们对个人与组织行为的理解，常常受到各种决定我们如何看待真理、美丽与公正的神话和看法的影响。更具体而言，对人类行为的观察引出两个根本问题：

（1）**行动的基础和动机是什么？**人们为什么做他们在做的事？

他们如何证明这些行为的正当性？我们可以从不同的视角来分析：结果主义逻辑（个人或集体目标的结果），行动与身份的互动逻辑（人们根据其个人身份行动或通过行动构建个人身份），或信仰与专断的逻辑。信仰与专断的逻辑脱离了理性主义者的经济学观点与社会心理学者的亲疏性与身份的逻辑，正如克尔凯郭尔[○]所写，一个试图为自己辩护的宗教将不再是宗教。

（2）**博弈的基本特征是什么**？是与外在规律的博弈吗？我们可以假设行动者可以完全地了解和分析情况并且其行动的结果是可预测的吗？抑或是对抗其他关键行动者的游戏？什么样的歪曲是可容忍的，什么样的行为是违反规则的？

这些问题的答案引导我们将行动理论划分为4个主要部分（见表2-1）。

表2-1 行动理论的四个主要分支

行动的基础 \ 对手	客观规律	其他行动者
理性	决策理论	博弈论
身份（与规则）	制度理论	生态学理论

决策理论：行动者是理性的；与外部规律进行对抗（已知的规律，至少知道其概率分布）；采取的决定能付诸实施。

博弈论：行动者是理性的；与其他玩家进行对抗，不论理性与否；在法律与社会公约的框架下。

○ 丹麦哲学家、神学家及作家，一般被视为存在主义之父。——译者注

制度理论：行动者根据自己的身份与客观规律进行对抗；遵循被普遍接受的规范。

生态学理论：行动者根据他们的身份并遵循游戏的规则行动，与和他们遵循同样规则的玩家进行对抗，尽管这些规则可能随着时间变化（行动者与规则的协同演化）。

在生态学的视角下，我们可以将行动者分为两种：**聪明者**，完全为自己的利益而行动的机会主义者（假设其他行动者都在做同样的事），有自信，偏好复杂战略；**纯真者**，按照义务与亲疏性行事（经常内化成为本能美德），信任周围的人，偏好透明的策略。

希腊神话中最早出现的伊甸园里的亚当和夏娃就是天生纯真的人，但遭到了聪明的机会主义者的迫害（狡猾的人、二手车销售员、部分知识分子或教授），这些人使他们失去了纯真（教导他们区分善恶，或将他们送到商学院去学习如何计算贴现值）。历史是公平的，上帝惩罚了双方：教授被惩罚继续作为教授，每天读《华尔街日报》与《纽约时报》，并写出精细的但晦涩且远离现实的学术作品；而堕落的纯真者必须工作，不停地追逐可能的提升机会，直到被组织解雇的那一天。

我们所期待的好领导应该是聪明的还是纯真的？在聪明者的世界观中每位行动者追求个人的利益，正直的行为首先要有效，通过结果来评价手段的正当性。上帝只把聪明给他喜爱的人作为礼物，并且准许他们作为克服困难的奖励。在这种情形下，人们赞赏以牺牲大众为代价来达到个人目的的老谋深算的政治家，以及狡猾的谈判者、操纵者。我们会称赞奥赛罗对土耳其舰队使用的精妙欺骗，掩藏了他的意图和船只的分布，以便发动突袭并赢得胜利。然而，一个人人都渴望聪明的世界并不那么吸引人：失败方乃至整个社会的成本太大（例如：缺少法律与信仰来对抗机会主义，蔑视他人）。在这种情况下，长期利益为短期利益牺牲，百年大计为近在咫尺牺牲，对一个国家来说意味着有一个过分"聪明"的外交政策，对于公司而言则会欺骗它们的合作伙伴或客户。

在纯真者的世界观中，人是生而善良的。美德基于对善与恶的明辨，或者至少基于简单的行动（"让我们栽培我们的花园"），上帝奖励美德，人类的进步被写入历史。纯真可以是天真地面对世界沧桑，或通过无视邪恶并固执地选择信任与爱来建设一个更美好的世界。因此，我们欣赏"童子军式"的领导，通过规则和一个人的本能智慧来完成工作。我们只能容忍对成功有利的聪明，无法保持纯真则归因于世界的邪恶。然而，仅仅要求一个领导人纯真是不够的。我们会因为他的部下犯下了暴行而谴责一个军事将领，因为如果他知情，那么他在道德上是有罪的；如果他不知情他将愧对他的指挥权（因为他应该有）。通往地狱的路常常是充满善意的，善良的行为并不总是得到及时的奖励。堂吉诃德和《战争与和平》中的彼尔·别竺豪夫就是两个例子。此外，在情感层面，在明知虚假却给周围的人展示出天真的一面，以求得他人（或历史）的仁慈判断是很难的。

在一个由聪明与纯真的人组成的世界中将会发生什么？首先，

在这个标准的关于道德和进化的故事中,聪明者将获得支配权并将纯真者排除在权力拥有者之外。然而,掌权者之间的区别很快会变得微弱,因为几乎只有聪明者生存下来,并且聪明不再是竞争环境中的决定性优势。那些仍然值得信任的少数纯真者成为稀少而受欢迎的盟友,并能促进联盟的胜利。然后,这并不能带来一个稳定的平衡,当一个充满信任的社会再次形成时,机会主义的行为又变得有价值,因为它常常能在短期为局部群体带来直接的利益,而纯真则为更广阔的范围带来长期的利益——前提是纯真者能够生存足够长的时间。

因此,领导者必须兼顾纯真与聪明。短期利益使他们变得聪明,但是通过避免聪明来建立良好的声誉,也有利于他们的长期利益。然而,建立值得信赖的声誉并不简单,单纯依靠纯真的行为并不足以使其成为可信赖的人。看看勃拉班修是如何给奥赛罗提醒他的女儿苔丝狄蒙娜的:

留心看着她,不要视而不见;
她已经愚弄了她的父亲,她也会把你欺骗。(I,3)

《奥赛罗》中的人物

私人与公众之间的相互作用,聪明与纯真之间的紧张关系通过戏剧中的主要人物得到了很好的诠释。

奥赛罗:他的私人生活服从于公共职责,他的公共声誉(取决于他的军事荣耀同时也取决于他妻子的行为)决定了他对自己的看法——认为需要面对埃古的自私聪明、艾米莉娅的慷慨独断,并且给予苔丝狄蒙娜的纯真与无条件的爱。在这场对抗中,奥赛罗有理由受到偏执的嫉妒。他用自己的声望赢得元老的女儿。威尼斯非常需要他作为将军的才华来服务联盟,奥赛罗知道这种认可与社会的看法是相左的,因此是脆弱的。

埃古: 一个地位正在上升的普通人,有启蒙精神,对意志胜利的赞美超过激情:"我们的身体就像一座园圃,我们的意志是这园圃里的园丁……同时我们需要克制我们狂暴的情感,肉体的刺激,不受约束的欲望;我认为你所宣称的爱情,也不过是为了繁衍子孙。"(I,3)

他的野心是攀登社会的阶梯,如果有必要会将别人推下来——在零和博弈中,一个人的收益必然代表另一个人的损失。奥赛罗选择卡西奥作为他的中尉使他觉得被侮辱。他惧怕被欺骗被戴绿帽子(但也就是奥赛罗、罗德利哥、勃拉班修、艾米莉娅)。事实上,埃古自己是病态的善妒的(他怀疑奥赛罗、也怀疑卡西奥),这激发了他让其他人体验类似的嫉妒与折磨的欲望。在被不安全感吞噬的情况下,他无法忍受看到别人安全,如贵族(例如:卡西奥)和其他新贵(例如:摩尔人,通过与元老勃拉班修的女儿结婚而在地位上超过了他)。他先表现为一个理性的人,而真实的目的是报复。莎士比亚带领我们看到一个十分复杂的角色,他是妒忌这个猛兽的受害者,同时他又将这种痛苦加于他人。

对埃古而言,为了正当目的可以不择手段。他着迷于"聪明"并运用这种聪明来操纵善良与天真:

那摩尔人是一个坦白爽直的人，

他看见人家在表面上装出一副忠厚诚实的样子，

就以为一定是个好人；

我可以把他像一头驴子一般牵着鼻子跑。（I，3）

他对控制权的需要是他自己不安全感的体现（对于他的对手卡西奥）：

他那种翩翩风度，

叫我每天都要在他的旁边相形见绌。（V，1）

艾米莉娅：一个实用主义者，头脑清晰不被拥有的知识所腐化；相信爱情，但不盲目；愿意妥协，却正直。尽管她的丈夫（埃古）不忠，她顺从于他。尽管她爱他，但是在苔丝狄蒙娜被杀害后冒着生命危险说出了真相。她是苔丝狄蒙娜真诚的朋友，但她虽然忠诚还是偷了手帕。她试图引导苔丝狄蒙娜见机行事，在一定程度上变得虚伪，与上头的权力达成协议：

苔丝狄蒙娜：你愿意为了整个世界的财富而干这种事吗？

艾米莉娅：难道您不愿意吗？

苔丝狄蒙娜：不，我对着明月起誓！

艾米莉娅：不，对着光天化日，我也不干这种事；

要干也得暗地里干。

苔丝狄蒙娜：难道你愿意为了整个的世界而干这种事吗？

艾米莉娅：世界是一个大东西；

用一件小小的坏事换得这样大的代价是值得的。(IV，3)

简言之，艾米莉娅是一个理智的现代道德主义者和相信现实的相对主义者，她倡导妥协，然而仍忠于某些价值观，并最终为了他们而牺牲自己。她不能防止悲剧的发生，但有助于奥赛罗与埃古之间的正义（即报复）。

苔丝狄蒙娜： 纯真的公主，经历了从做出突破社会公约的主张（她嫁给奥赛罗而不管是否合乎礼数）到困惑（事件的发展与她的先前想法不吻合）再到最终面对她悲惨的人生而选择放弃的历程。她缺乏谨慎却也远离理想的生活，成为埃古手中的玩物（埃古在第二幕时对她说，一个品德优秀的女人必然会有微不足道的命运）。她根据她的理想行动而忽视现实的要求（奥赛罗的嫉妒）：

他的无情也许会摧残我的生命，
可是永不能毁坏我的爱情。(IV，2)

尽管经历了这一切，她仍然无条件地忠诚于爱——唯一的爱，其他的只是纯粹的经济利益而已。纯真并不是无条件的美德，更何况，苔丝狄蒙娜对她自己的命运是有一些责任的。如果变得更加现实主义或许会救了她，同时救了奥赛罗；不那么圣洁也就不会为其他人物蒙上阴影。

在经济学家对这个术语的定义上，纯真与美德是公共资产。聪明人的行为造成的不便由每个人承担，但获得的利益往往归于聪明人；而纯真所获得的好处通常供所有人享用，付出主要由无辜者承担。

因此，我们对于一个领导者的评价和把他们仅看作普通的人的评价是不同的。一些令人钦佩的美德可能对整个团体产生可怕的后果，而妥协和在道德基础上的一定程度的聪明有时被证明是更有益的[6]。

注释：

1. Claude Riveline 教授指出：埃及的浮雕，除了以职责属性来作为特征进行区分，人物都是用完全相同的方式呈现的。呈现给恺撒的东西就是属于恺撒的，因此，这是一种代表着占有一切和突出个人身份的说法。

2. 这阐明了：相反地，即使没有财务上的困难，失业者和退休的人，依旧有自尊心和自信心丧失的情况。

3. 应当注意的是，对仅仅注重绩效的理性秩序的破坏，可以提高以信任作为基本要素的业务的效率。一个群体当中的成员身份能增加机会主义的成本，同时保持良好信誉的重要性则为此提供了保证。因此它代表了一个尽管不公平，但在选择时应该列入考虑的理性要素。因此，私人的忠诚可以促进公共的角色。例如，法国的亨利四世为了确保其权力而皈依天主教，并说道"为巴黎做一场弥撒是值得的"。

4. 因此，在华格纳神话中，沃旦、阿鲁贝利西和克林索尔为了统治世界，必须放弃爱情。

5. 追求公平的欲望是不理性的，在某种程度上，它可以驱使人们损害自己的利益。这可以用"尾音节"游戏来说明：两个彼此不认识的玩家，不能相互沟通，并且将没有后续的互动。首先在 100 元的金额中，玩家一选择将保留多少金额，以及留给玩家二的金额。接着玩家二可以选择接受或离开游戏，离开游戏意味着两个玩家都不会收到任何钱。博弈论预测，第一个玩家在进行利益分配的时候很可能会强烈地偏向自己（例如，拿走大多数，给玩家二只留下几美元），因为在两个玩家没有进一步互动的情况下，对第二个玩家来说总是"聊胜于无"。然而，大多数的玩家二会选择拒绝那些很不公平的分配（为了惩罚玩家一对自己利润的剥夺,尽管并不认识玩家一,对他受教育程度也完全不感兴趣),而大多数玩家一预见到这种行为,并采取合理的平均分配的方式。
6. 科斯特勒用"历史是邪恶的:它饶恕我们的失误,而不是我们的错误"这段话来做总结。

问题

2.1 一个注重个人生活品质的人很难作为一个组织的领导者,只有愚蠢的社会才会声称领导应该拥有优雅而真实的个人生活。领导在组织中与在其他任何严肃的活动中无异:需要承诺、奉献和为了追求卓越而几乎牺牲其他所有东西。期待一个伟大的领导者能够平衡工作与个人生活,与期待于一个伟大的创造艺术家、运动员、科学家同样能平衡好工作与个人生活没有什么两样。卓越的雄心是一个善妒的情人,他不懂分享也没有情调。

请对以上观点进行评价。

2.2 把决策理论与博弈论用于解决领导问题时往往会强调在谈判中巧妙的战略回旋与老练的欺骗。在这一派看来,成功的秘密在于误导、隐瞒和在想法上超越对手。

实际上,近代博弈论的研究传统中已经对这种策略提出了质疑,主要包括以下3个方面。

1. 战略的聪明通常假定竞争对手的智商显著低于自己,但这个假设基本上是不正确的。

2. 战略的聪明破坏了信任,并使重复博弈中获得长期成功所必需的长期理解与同盟变得很困难。

3. 战略聪明强调了成为最聪明的人所获得的个人乐趣,因此挑战了他人的自我价值，使他们愿意牺牲自己的利益来阻止你的胜利。

这些考量在多大程度上给"聪明"的倡导者带来了问题？对未来领导者的培养有什么启示？

2.3 组织生活的理论往往强调信任、忠诚以及维持二者的复杂性。很难建立合作的网络并维持，使其不被那些聪明的诱惑所干扰。因为单方面打破协议所带来的利润通常是巨大的，并且这种对于违反协议的预期会导致合作者不敢相互依赖，所以领导的第一原则是，如果每个人都是理性的，那么没有人是可以信赖的。然而，第二个原则是，不信任任何人的人通常会失败，因为虽然理性的人不可信，但还有一些纯真的人是可以信任的。那些碰巧或者通过深思找到值得信赖的人，比选择无条件不信任任何人的人拥有更大的优势。因此，第三个原则是任何聪明的人都会试图看起来纯真，以便被那些可能成为赢家的人所信任（凭借他们愿意信任一些人，并且能有幸选中值得信赖的人）。但是，看起来纯真唯一可行的方法就是实际上也这么做，所以，第四个领导的原则是任何真正聪明的人都是真正纯真的。

这些原则中有没有哪个是可以删除的？

2.4 在《奥赛罗》的第一幕中，公爵、布拉班蒂奥和奥赛罗关心两个主要问题：第一个是奥赛罗是否犯了引诱苔丝狄蒙娜的错误。第二个是如果这种行为被证实存在，那么他是否不能成为威尼斯对抗土耳其的军队指挥官。莎士比亚认为奥赛罗的第一个罪名不成立,从而第二个问题也无从谈起。

第二个问题与什么考量相关?剧中的角色是如何感知它们的?他们对第二个问题的感觉在多大程度上影响了他们对第一个问题的判断?这些论点在多大程度上适用于现代组织和现代领导人?

2.5　在苔丝狄蒙娜死亡之前和之后(第五幕,场景2),奥赛罗、艾米莉娅和苔丝狄蒙娜表达了他们对死亡的正义及其责任的感受。他们的想法都是瞬间的并没有经过周密的思考。但很明显,他们每个人的观点不同:

- 奥赛罗认为,苔丝狄蒙娜是不忠的,她的死是她的不忠所应得的,同时他对她的死亡负责。
- 艾米莉娅认为,苔丝狄蒙娜是忠诚的,因此她的死亡是不公的,同时奥赛罗对她的死亡负责。
- 苔丝狄蒙娜认为她的死亡是不公的,同时她自己对自己的死亡负责。

近代的旁观者可能会质疑不忠是否应该受到死亡惩罚,但这在三人之间没有争议。艾米莉娅与奥赛罗之间的区别取决于苔丝狄蒙娜是否忠诚的事实,可以解释为奥赛罗轻信了埃古片面的证据。另一方面,艾米莉娅与苔丝狄蒙娜之间的区别不是事实层面的,而是关乎责任的分配,这似乎更难解释。

当艾米莉娅问道:"啊,谁做了这件事?苔丝狄蒙娜回复:"没人;我自己。"请解释苔丝狄蒙娜的回复。苔丝狄蒙娜的责任观念是什么?对现代组织中的责任及领导的启示是什么?

2.6 在《奥赛罗》的最后一幕中,格拉蒂亚诺说:"所有的话都被毁了!"(VI,2,353)。

我们如何解释这个评论?特别是,我们应该将该评论仅仅应用于这个场景中,还是整部剧中,甚至应用在我们的生活中?同时请考虑如何对该评论进行有益的阐述。存在什么问题?在这部剧中如何阐释的?对领导的启示是什么?

On Leadership

第 3 章

异端与天才：圣女贞德

探索与开发

寻找探索（exploration）与开发（exploitation）之间的平衡是领导者需要面对的一个重要挑战[1]。在探讨领导者在追求这种平衡过程中的作用之前，我们先来回顾一些已经做过的观察。

对现有技能的有效利用，能产生可靠的结果，但有丧失掉更有潜力的方案的风险。探索代表着寻找新的可能性，风险在于缺乏对这种可能性足够细致的研究，以保证获得足够的收益。两者的最佳平衡点主要取决于环境的稳定性和时间范围。

在失败的情境下，探索可以帮助找到出路，但在短期内它常常导致新的失败。原因在于探索而得的大多数想法都是糟糕的，此外好的想法也需要足够长时间的实践来证明。初看之下探索似乎不会有成果，它追求新领域的研究，而不是获取那些已经被识别可以获得益处的技能。

失败的感觉显然是主观的，且过于宏大的愿望会放大这种感觉。同时，失败也取决于事后的重新解释：决策者倾向于以对自己有利的方式来做出解释，而权力的转移将导致对过去战略失败的指控。这解释了有些领域（例如教育）为什么要进行强制性探索：在仍需要时间对正在进行的改革进行评估，或者仍需强化已有改革进程的时候，往往一个新的改革就启动了。

相反，一个获得成功的开发活动会倾向于阻止探索活动的进行，因为后者的收益在时间和空间上都是不确定和遥远的，而在新情境中对现有的专业知识逐步适应而获得的经验使得开发活动越来越高效。

因此，很难在效率和适应能力之间保持平衡。因为，通常在成功的情况下，倾向于细化与改善已经获得成功的程序；而在失败的情况下，对新颖的创新带来的积极效果缺乏耐心。

达到临界值之后，探索将不能继续带来收益，因为所有的研究领域都已经被尝试（尽管其中的一些由于武断地判断为无效而被遗弃）并且利用他人的发现获取了足够的知识。一般来说，有效的探索确实需要知识，但对于这种知识并没有太多承诺导致新想法往往很快被拒绝。同时，开发的边际利润遵循向下的曲线，开发会改善和提升专业知识，但是这种改善和提升会随时间不断减少。

基于可靠性选择的领导能成为富有创造力的领袖吗

领导是由已有的制度选择的；因此，他们通常是保守的，并且具有开发活动所需要的才能。然而，他们也希望可以发起与监控需要的变革。成功变革的故事在领导、顾问与研究人员的重新讲述后变得看似简单，因为他们将领导描绘成为一个英雄，反对主流的想法并通过英勇的努力来达成变革。然而，这些故事通常忽略了领导面临的明显问题——当面对各种各样离经叛道的想法的时候，如何才能在这些仅仅是不同的想法中区分出会带来好的结果的想法呢？

大部分初始的想法是糟糕的。而且，那些好的想法只有经过漫长的学习之后才能被认为是好的；这些想法在第一次尝试的时候很少能令人印象深刻。因此，一个组织通常并不鼓励对奇异想法的尝试，也不鼓励提出奇异想法的人，从而以保持组织有效运作的名义剥夺了其主要的创新来源。即使认识到探索的可能优势，组织还是希望其他的投资者（无论个人还是其他组织）来承担试验成本，如果成功的想法获得的好处可以无偿分享的话。

在儿童教育中，我们同样遇到这种困境。一个孩子的原创性的想法很少是独一无二的，很少是很好的。因此，老师不鼓励这种想法的出现，致使创意仅在意外中产生，有时是因为孩子的学习成绩不优秀，或者他们所处的环境"没能履行教育的职责"。我们对未来的领导者的教育也是如此，他们是由于具备使用已经尝试和验证的方法来解决已知问题的能力而被选为领导的。

为了激发出足够的探索，我们必须理解那些决定对风险的喜爱与抗拒的因素；换句话说，什么因素会促使决策者选择变异更大或者更小的结果。

在个人层面，我们知道：

- 危险可能产生积极的影响（在困难情况下，策略可能会"出于绝望"），也可能有负面的影响（当生存受到威胁时瘫痪）。
- 资源过剩会激发探索（更少的控制、更少的失败的恐惧以及制度化的创新）。
- 当一个人的表现达不到她对自身的期望时，将比那些表现高于期望的人和优先考虑维持已经获得的利益的人更倾向于寻求变化。

- 新的资源相比于已经被利用的资源（更有融入的愿望）将被投入到风险更高的地方[2]。
- 以前的成功经验将引起迷信的心理——认为自己可以抵御风险或足够好运。

在组织层面，探索所带来的效益的不确定性与遥远性必须与即时的已知成本相平衡。勇于冒险的组织往往缺乏经验，并且与传统的、层级的组织结构不同，甚至可能通过相对宽松的中央控制系统来去中心化。

如果想要激发创意和离经叛道的想法，就必须容忍甚至鼓励糟糕的想法（例如，鼓励那些犯了有趣错误的学生）。同时，对于那种提出离经叛道的想法带来好的结果的人，可以增加对他们的奖励。这就是发明专利和工业产权的作用，更广泛地说，这是所有为那些极少数的获得成功的个人提供大量的特权与资源以鼓励更多的人去尝试的系统（如体育、商业表演与政治）的作用。尽管一只特定的野兔（它虽然跑得快却可能因为睡得太久）可以被一只乌龟击败，但如果一个野兔团队对阵一个乌龟团队，几乎可以肯定的是第一个冲过终点的会是野兔[3]。因此，一个组织的选择取决于其更注重平均绩效（在这种情况下应该招聘乌龟）还是个别耀眼的成就（在这种情况下应该招聘一个野兔团队，整体效率低下，但拥有一些杰出的个体[4]）。

组织的运行规则可能会在不知不觉中影响组织成员对自己的成

功的认知。对于那些常常因为自己的成功而在组织内获得晋升的个体，会对自己打破常规的能力更有信心。由于在一个通过选择产生的越来越同质化的组织管理团队中，所观察到的绩效差异更多是由于偶然事件而不是特定的个人能力造成的，这种自信可能放错了位置。因此，通过绩效进行选择的过程会导致自信心的膨胀，并且鼓励冒险。

此外，行为有可能是因为个人非理性的动机：他们对国家的责任，他们对神圣使命（圣约翰）或者命运（库图佐夫）的信念，他们的天性，善良的本能（托尔斯泰所描写的下层阶级，或一个好士兵的反应）或他们的痴迷（对苔丝狄蒙娜的爱，对埃古的报复）。

天才是危险的。奥赛罗的本能行为使他犯下了可怕的罪行，皮埃尔·贝祖霍夫细腻的情感给俄罗斯农民们带来的安慰微乎其微，堂吉诃德一次又一次地伤害无辜的人。天才拥有复杂的特征：他们会导致彻底的失败（固执、缺乏纪律、无知），少量的成功必备要素（智力要素、不受失败的经历干扰的能力、永不停止的动力）以及非常好的运气。因此，天才是对异端与极度狂热者极大的宽容所带来的副产品，这通常是特定背景下（丰富的资源、可管理的意识形态、晋升体系）而非刻意而为所导致的结果。因此，"聪明的"组织会努力创造一种环境，通过接受组织能够承受的风险和失败来让天才涌现[5]。

多样性与一致性

我们已经看到了组织必须在探索与开发之间，天才与普通技术员之间，在允许各种观点出现的多样性与整合、一致行动所必需的统一性之间实现微妙的平衡。

在组织研究的文献中，一些学者注重效率，即统一性是必需的，因为由具有不同观点、目标与技能的成员组成的组织必须相互协调才能完成复杂的任务。其他一些学者则侧重于关注组织面对不断变化的环境时的适应能力。这场辩论与我们所讨论的探索与开发非常类似，但是增加了更加政治化的符号与内涵。

组织成员的更新能使组织保持多样性，而组织社会化的过程促进一致性。组织及其成员的规则会相互适应。我们可以构建模型[6]来展示组织如何从社会化程度低的、尝试与正式组织战略不同的方案的个体以及创新性地实现组织正式战略的个体中获益[7]。在这样的模型中，能脱颖而出的是那些在大部分人学习效率很低（对个人不利）的环境中快速学习的人。这种吸纳结构将使得把那些被组织排除在外但被证明是有价值的偏离者纳入组织结构成为可能。

然而，我们可以反对的是，个体为了证明他们加入决策团队的价值必须降低他们与群体的偏差值，或强调群组之间的差别。一般而言，政治薄弱的、边缘的或下属群体多倡导多样性与权力下放，而决策群体倡导统一与权力集中。一般来说，在任何给定的层级位置中，人们倾向于要求更多的自主权（从而要求权力中心给他们所在部门更多的多元性和权力），并希望对依赖于他们的任何东西进行控制，从而推动他们所控制范围内的一致性。相反，每个人也都必须妥协于来自下属的对于多样化的要求，以及来自高层的对于一致性和统一性的要求。

组织高层的领导会把组织的一致性和共享文化符号化，同时或多或少地鼓励局部多样性。领导者可以在多样化需求的框架下，通过学习如何认可那些一旦获得领导地位就会改变其态度的团体来最小化一致性与多样性需求之间的矛盾。

圣女贞德

萧伯纳的《圣女贞德》是一个"历史"剧。萧伯纳没有声称再现了真实的对话，但他虚构的对话的确重现了他所理解的故事的基本结构[8]。如果我们相信所有的历史都是由不同的接近它们的来源的叙述者所传达的，并且真实历史和虚构的小说之间的区别不像看起来那么清楚，那么这种转述的自由或许是合法的。

圣女贞德是一个年轻女人这一事实是很重要的，并解释了和这一角色有关的特定态度和问题，但是就如同奥赛罗的种族与埃古的社会出身一般，这并不是戏剧的中心主题。戏剧的主题是关于天才的问题。天才是制度的局外人，没有很好地被社会化并制造麻烦，对世界的理解离经叛道，但最终往往是正确的。

萧伯纳的贞德旨在将她的愿景传递给其他人，传递给历史。剧中其他主要角色坚定地捍卫他们所代表的机构（教会、封建领主、皇位、英国、军队）的利益，有时将贞德看作威胁，有时将她看作可以加以利用的工具。这些机构首先试图阻挠这一天才，而后自身态度开始摇摆并开始接纳她，只有在危机克服并且威胁消失后才将她抛弃。

贞德的愿景与观点（有些人称之为灵感、直觉或潜意识）是打破僵局所必备的，但与他们威胁人的范式是不相容的。他们理性的理由是后来构建的，用来说服怀疑者。"我必须要和你说清楚原因，要不然你就不相信我，是不是？可是，是我先听到的观点，之后我才找理由来说明，信不信随你。"（5）

无论如何，贞德不相信基于个人的利益诉求的理性视角：

你不明白，乡绅老爷。我们的士兵总是吃败仗，就是因为他们怕死；为了保命，最简单的方法就是逃跑。我们的骑士眼里只有钱，打仗对他们来说不是生与死，而是交赎金与收赎金。要是我的话，我就会告诉他们，打仗是让上帝的旨意在法国得以实现。到那个时候，他们就能把这些天杀的英国佬像赶羊群一样赶出去。(I, 1)

然而，贞德的胜利不仅仅是异端的胜利，如果没有经验丰富的军事指挥官杜诺瓦的经验和技术，贞德的愿景是毫无价值的：

不、不，姑娘，如果你把我从恐惧中解救出来的话，我就成了故事里的英勇骑士，可在军队里我就成了不合格的指挥官了。来吧，先让我把你变成一名士兵吧（2）⊖……有一天当她只剩了10个人的时候，她也会带着这10个人勇往直前，去打100个人才能打得了的仗。然后她会发现，上帝是站在大部队那边的。

至于贞德创造的奇迹，大主教解释了为什么它们是完全合法的：

⊖ 取自原著第 3 章而非第 2 章，疑有误。——译者注

奇迹，我的朋友，就是某种能够制造信仰的事件。这就是奇迹的目的和本质。对于看奇迹的人来说，它们是非常奇妙的。对于表演奇迹的人来说，它们又是非常简单的。这都无所谓。只要能巩固信仰、制造信仰，那就是真正的奇迹……如果这个姑娘在满朝文武当中认出了太子，这对我来说不算奇迹，因为我能看出到底是怎么一回事，我的信仰也不会因此而增加。至于别人嘛，只要他们能感到那种神秘的战栗，在一阵对于上帝荣耀的大彻大悟中忘掉他们有罪的肉体，那么，这就是奇迹，这就是神圣的奇迹。到那时候，你看吧，这个姑娘会比旁人更受到感动。她会忘记自己到底是怎么把太子认出来的。说不定啊，连你也会跟她一样。㊀

天才在反对者所带来的众多不宽容中确定真理，并且在常规的机制失效的时候，她可以触发需要的改变："我们现在需要一些这样的疯子。看看这些神智健全的人把我们都逼到什么地步了！"（贝特兰·德·波仑日说服罗伯特·德·包椎古尔接受贞德时所说）。所以，异端只有在组织陷入绝境的时候才能获得宽容与谅解。

然而，当天才的幸运星落下，异端也不再带来成功时，天才将被所有人抛弃。（参见安妮塔·罗迪克、史蒂夫·乔布斯、撒切尔夫人、伯纳德·塔皮和让-玛丽·梅西尔。）

杜诺万：现在，请问大家：万一英国人抓住贞德，你们哪一位肯伸出一根指头来救她？代表军队，我有言在先。一旦她被天杀的英国佬或勃艮第党人挑下马，又没有当场死掉；当她被锁在地牢里，

㊀ 取自原著第2章。——译者注

没有什么圣彼得的天使会飞来把门栓、门插打开，敌人也会发现她和常人一样，并非刀枪不入、百战百胜。到那时候，她就不值得咱们牺牲一个战士去救她。我是不愿意派人去冒这个险的，尽管她也是我最珍视的战友。（5）

因此，在组织掌握的既有的技能在危机中无法发挥作用的情况下，天才能够去探索未知，获得发现有利路径的可能；而当探索的成本过高或产生过多不确定性并威胁已拥有的位置时，组织会选择放弃天才。在其他幸运的英雄故事里这一幕被不断地重演。

注释：

1. 这一主题在马奇的研究中已经被广泛探讨。例如：*Invitation à la lecture de James March*, p. 87; James G. March, *Three Lectures on Efficiency and Adaptiveness*. Helsinki: Svenska Handelshögskolan, 1994, and James G. March, *The Pursuit of Organizational Intelligence*. Oxford: Blackwell, 1999, chapters 7, 10, and 11。
2. 当资源可用时间足够长时，我们"依赖它"，并发现很难离开它，但是，意外的财富增加更有可能被充分利用（参见：Michèle Sebag, "L'argent du loto" (on money won at a lottery), MSc dissertation in economics, Universite Paris-IX, 1982)。
3. 在这个简单的模型中，乌龟以 1 英里/小时的恒定速度前进，而野兔以 5 英里/小时的速度前进，但在每个给定的 5 分钟时间内，野兔有 90% 的可能性在睡觉而非跑步。乌龟将在 1 小时内跑完 1 英里，而野兔只有大约 11% 的可能比他更早到达（至少有 3 个 5 分钟是醒着的概率）。如果只有一只乌龟和一只野兔在比赛，野兔获胜的概率只有 0.11。然而，如果在比赛中有 100 只乌龟和 100 只兔子，那么至少有一只野兔在乌龟之前到达的概率（野兔队赢得胜利）为 1-$(0.89)^{100}$，（或大于 0.999 99）。
4. 在某些情况下，想要获得潜在的收益需要赌上大量的野兔。这正是风险资本家在一个赢者通吃的、没有任何对未来主导技术可靠预测的情况下所做的。

5. 这与决策者的时间尺度有关。这些家族企业的股东是否关心长期利益，或者财务总监能否允许季度结果由于"不确定的试验"而恶化？

6. *Invitation à la lecture de James March*, p. 92, Scott R. Herriott, Daniel Levinthal, and James G. March, " Learning from experience in organizations," *American Economic Review*, 75 (1985) 298-302; and James G. March, " Exploration and exploitation in organizational learning," *Organization Science*, 2 (1991) 71-87.

7. 这一相当复杂的模型考虑到了一个事实，我们不知道是哪些离经叛道的个人信念使成功成为可能。因此，该组织将采取一些自己的规则，有些经过深思熟虑，有些甚至是迷信的（获得成功的想法是在他们的规则之下的，但不一定是这些规则导致了成功）。

8. 作为一个爱尔兰人用英语写作，萧伯纳在看待这一异国的角色时拥有更多的自由与距离，因为他们不是他自己的民族英雄。

问题

3.1 据说，在大学中要学习的最重要的课程之一是，你必须亲吻大量的丑陋的青蛙才能找到会变成英俊王子或美丽公主的青蛙。事实上，大多数大学生从来没有目睹过这种转变，而且教师和优秀学生都倾向于低估这种事情发生的可能性。

在这样的世界中，谁会亲吻丑陋的青蛙？对创新组织的领导有什么启示？

3.2 近来商业企业在种族、性别和国籍方面多样性的提升，引致旨在增加组织的多样性的合法化和道德劝告。这些措施的倡导者强调道德与政治公平的权利，改善公司内少数民族、妇女、外国国民的社会与经济地位。倡导者也常常声称从多样性中可以获得实际的竞争优势，认为种族、性别和民族的差别能使企业更好地生存。增加多样性的支持者很少在道义上受到挑战（虽然有时有些特定的项目会有），但是他们认为多样性能提高效率的说法有时受到质疑。

1. 在某些方面，竞争优势的主张是可疑的，是为了使多样性在务实的商业世界中更容易被接纳而编造出来的。反对的论点是，多样性必然会降低组织的一致性和统一性，增加协调、控制和培训成本。

2. 另一种批评的言论是，增加多样性的方案虽然好处大于成本，但通常这些好处是由承担成本之外的人获得。因此，有些人认为这种方案是失败的。因为获利的人不会实施，而实施的人又得不到利益。

支持多样性的实际论据是什么？有什么好处？费用是多少？成本和收益在多大程度上分配不对等？有什么影响？

3.3 组织中的领导是一个矛盾。组织的本质是有程序的、常规的行为，受到知识、道德和时间合法性的标准的约束。另一方面，领导的本质是超越常规、标准与现况，实施与目前完全不同的新的道德、知识和合法性。领导很明显是反组织的。领导者与组织对立，而不是建立或服务它们。

因此，谈到商业公司的CEO、工会主席、政府机构的主管和常规军事部门的指挥官作为领导人是荒谬的。他们不是，也不能。领导将永远来自外部组织，并且永远受到那些传统的、足够可靠获得组织正式的权威职位的人的抵制。任何有真正的领导能力和才能的人都不可能在组织的编制内。

请对此发表评论。

3.4 萧伯纳的戏剧《圣女贞德》的主人公可以说是一个非常现代的领导者。她主张愿景与承诺，但她的承诺远不是无条件的，这是基于事情总会被证明是正确的期望。她不是一个虔诚的信徒，而是一个迷恋思想的女子，她相信如果她专心追求她的使命，上帝将会保护她。她比愚人更傻，她对神圣的崇敬是对信仰的侮辱。

现代领导人用类似的方式，迷恋现代生活中的圣凯瑟琳英勇的承诺，来自记者、专家与教授。承诺是相同的，即英勇的行为将获得荣誉与尊重作为奖励，这些承诺就像贞德口中说出的一样是假的。

然而，在这个致力于工具合理性的世界中，成功、幸福与荣耀的承诺可能是吸引人才亲身投入领导力的无情的唯一途径。如果我们诚实地告诉领导者的备选人他们被钉上十字架的可能性，他们将不会付出那么多的精力为我们服务。所以，我们向他们说谎，并适当地证明，同时利用他们的愚蠢为社会大众提供好处。

请对圣女贞德的评价与现代领导的特征展开论述。

3.5 《圣女贞德》通常被描述为天真和老练之间、现实和幻觉之间、传统智慧和天才之间的矛盾的故事。

萧伯纳对于这种人类事务中对立的关系的概念是什么？他是如何解决矛盾的？

3.6 萧伯纳的论点是,天才是基于历史获得社会认可的,不能提前预测。因此,不能预测哪些普通异端者将成为受尊敬的圣徒,哪些疯狂的狂想家将成为科学天才。

这种观点是合理的,但是掩盖了圣徒与科学天才之间可能的区别。有些人认为,异端变成圣徒是由基于共享的信仰支持的人为社会建构的,没有其他的验证;而科学的发现具有物理现实的基础,不能基于共同的信念而人为地社会构建。

这种区分有效么?萧伯纳的论点在多大程度上被科学天才这一应用破坏?领导者更像异教徒/圣人还是狂想家/天才?有什么启示?

On Leadership

第 4 章

模糊性、不相关性、权力和社会秩序:《战争与和平》

第4章 模糊性、不相关性、权力和社会秩序:《战争与和平》

组织、模糊性和不一致性

组织需要一致性来促进沟通、简化控制、保证公平。组织以程序来取代临时发挥,以规则和合同来取代松散的协议。然而,一致性会受到经验的模糊性、沟通和委派的限制。我们常常低估模糊性及其作用,而更加寄希望于在明确的战略中实现明确目标的理性行动。事实上,我们追求的目标往往是模糊、不清楚、不连贯、不稳定的,在行动过程甚至是行动的结果中才被明确下来。有很多事情是很困难的,例如对事件进行解释、重构已经发生的事情、明确行动的效果或者判断特定的结果是失败还是成功。问题、解决方案和行为这三者之间的连接是松散的,如同目标、所使用的信息、决策以及组织中不同部门执行的行动之间一样。同时性往往是最重要的因素[1]。

人类感知和决策的模糊性也许可以用艾略特在诗《普鲁弗洛克的情歌》[2]中反复出现的主题来说明:

> 有的是时间,无论你,无论我,
> 还有的是时间犹豫一百遍,
> 或看到一百种幻景再完全改过,
> [……]
> 在一分钟里总还有时间
> 决定和变卦,过一分钟再变回头。
> [……]
> 我是用咖啡匙子量走了我的生命;

[……]

要说出我想说的话绝不可能!

现实的模糊性与我们对现实清晰性的期望之间的矛盾会引发领导者的三种反应:

(1) 试图使现实符合期望(理想主义);
(2) 试图利用两者之间的矛盾(现实主义);
(3) 试图使期望符合现实(浪漫主义)。[3]

理想主义者(经济学家、政治分析家、决策理论家和商业顾问)希望通过使组织去符合他们构建的模型来消除模糊性。他们认为从一开始就明确地提出需求是有可能的;他们认为我们有足够完善的观察和演绎技巧来理解事件;他们认为可以通过精确的分析以及提升决策技巧来改善决策结果;他们认为如果无法用简单的描述来解释现实,那么就求助于复杂的模型。例如,他们认为可以确定准确且合乎逻辑的参与规则(例如可以导致1961年的猪湾事件、1962年的古巴导弹危机、1988年美国海军舰艇摧毁了一架伊朗客机)。

现实主义者试图操纵这种模糊性来建立自己的优势。他们明白如何在困境面前迂回,从而逆风航行。在组织内部,他们坚持不懈,使决策系统过载,以便将对手转移到其他问题上,并对历史做出有利于自己的解读。他们知道对感知特定行为的结果的方式、管理指标分析、个人声誉进行影响,比起对一个有问题的事实采取行动更容易、更有用。因此,他们关注的是自己的声誉、管理报告的内容、指标的衡量以及对复杂的会计技术的掌握。

浪漫主义者陶醉于模糊所散发出的魅力。他们喜欢在过程中发现自己的行为目标，从而参与到创造历史并建构其重要性的过程中去。他们相信生命是一首诗，而美好是比真理更好的准则。正如阿德里安娜·里奇所写的，"诗歌就像梦境；在这里你会发现你不知道你知道的事。"浪漫主义的人喜欢用愚蠢甚至可笑的方式[4]，他们的目标只是一种假设（可以被证实或否定），他们认为直觉是灵感的来源，虚伪是必要的转变，报告和对一致性的需求是潜在的敌人，经验只是众多理论中的一种。他们以一种好玩的方式生活和行动。做决定时是了解他们所追求目标的好时机；做计划是叙述历史和解释过去的一种方式。领导者的艺术在于激发出有趣的意义。备忘录被看成一种诗歌，而评估提供了一个塑造现实的机会，如同雕刻家雕刻黏土，董事会会议则如同戏剧表演。

人类的意图与历史无关

《战争与和平》创作于19世纪60年代，描绘的是距它50年前的历史事件。它所讲述的故事与托尔斯泰的读者自身的生活仍有关联，但并不太密切。故事描述的是一个社会和政治动荡的时代。亚历山大二世自1856年统治以来，执政谨慎但自由。在他于1881年被暗杀之前，他停止了克里米亚战争，回应十二月党人废除了农奴制度，给予了媒体一定程度的自由，改革了司法机构，并准备给国家立宪法。

这部小说是相当松散的，不是说它混乱无章，但在结构上有很多对情节和主要人物（在书中唯一能识别出的几个人物）的发展都没有推动作用的安排。它讲述了一个故事，并讨论了它的意义，从上帝的视角来看这个世界[5]，从事件中汲取道义来造福读者。这部小说没有核心主题——或者，更恰当地说，它有几个不同的主题，人物不断出现和消失（瓦斯卡·丹尼索夫，柏拉图卡拉塔耶夫）；微不足道的场景不知为何会给予非常详细的描述（狼捕猎，娜塔莎和她的母亲数毛巾，离开莫斯科）；发生的事件有时并没有像思想来自于行动那样与他们的源头相关联；小说并没有像样的结局（后记也可能是对续集的介绍）。

小说的结构，或者说结构的缺失，说明了托尔斯泰对历史的看法。阅读这本书，我们陷入了一系列没有人能立即判断是否重要的事件中。大多数可行的小路都是死路。事件发生的顺序混乱，很难评估它们从哪里开始和结束。事实上，像罗斯托夫那样讲述有序的故事，其真实性反而是非常值得怀疑的，因为他无法讲述他从马背上跌落下来那个愚蠢但真实的故事，也不能讲述骑兵冲锋的制式的故事。托尔斯泰对故事进行了人为地排列和简化，使用诸如"权力""命运"或"天才"等模糊的词语。他喜欢将官方记录的历史与其他版本进行对比（例如，博罗季诺战役和拿破仑与哥萨克战俘的交战，蒂耶尔描述了这一事件）。官方历史是一种社会建构，就如同个人故事一样（例如：娜塔莎的故事，对决斗的解释以及皮埃尔的婚姻）。为了满足观众的期望，故事经常被改编，从而看起来是可信的：作者们证实公认的真理，因果关系一一对应，并对领导者的行动赋予重要的作用与意义。

《战争与和平》发展了托尔斯泰的理论：历史不遵循任何明确的结构，而是源于无数无关紧要的事件的复杂的相互作用。由于许多不可预见的因素，将军们无法及时得知正在发生的事情，战斗计划无法付诸实施。库图佐夫完全理解这一点，并假装在控制局势，以安抚他的官员，却不寻求对这场战争有任何实质性的影响[6]。历史赋予了某些角色压倒性的力量，而忽略了次要的角色。"明天会对我们有什么影响？命运有一亿种可能，取决于士兵们逃跑与否，以及这样的人是否被处死。"

此外，个人的特征是不断变化的，其对不同的观察者展现出不同的特征。例如，进步人士认为安德烈是自由主义者，因为他解放了农奴，而且富有教养；保守派认为他是他父亲的儿子；女性认为他是一个优质的单身汉；一些军官认为他是一个非常仁慈的人，而有些人则认为他冷漠而生分。他们都是对的——至少在某些时候，他们的形容都有道理。托尔斯泰向我们展示了那些不相信真理的聪明人（库图佐夫和卡拉塔耶夫），并美化了那些知道如何活在当下的人，比如娜塔莎和尼古拉。他认为，尽管在极少数情况下，真理是可以被获取的，但刻意去寻找它并不奏效。

《战争与和平》向我们展示了处于不连续世界中不断变化的人们。特别地，它关注的是社会赋予其地位和财富但处于逆境和不相关[7]情景中的三个主人公。

安德烈·保尔康斯基 聪慧，尽管他内省，甚至缺乏活力，但有贵族气派。他很冷漠，有距离感，不相信感情，不能容忍粗俗。尽管他很清楚自己的局限性，但他不容易被别人的观点左右，也不会反抗社会秩序。他渴望理性的环境，不喜欢模棱两可的东西，这在某种程度上导致了娜塔莎的堕落，他要求她做出一个经过深思的承诺，等待一年的时间，从而扼杀了她无忧无虑的天性和活在当下的倾向。他坚忍、低调而高效，并细心地完成自己的责任，同时也关心那些依赖他的人的幸福和道德的进步。在面对逆境时，他是勇敢的，但他的理性削弱了他的能力：他只能通过一种严格的荣誉观念来看待阿纳托尔和娜塔莎的事情，而没有对阿纳托尔进行报复的内在需求。他无法忍受这个世界本身的随意和不可理解。他的智慧使他清醒地认识到战争的荒谬，拿破仑对自我重要性的夸大，圣彼得堡沙龙的愚蠢，他父亲的衰老以及他姐姐虔诚的宗教信仰，但这并没有帮助他理解他周围的环境。他的智慧阻止了他对娜塔莎的爱；事实上，他最终毁了它，因为他不允许自己有任何神秘的体验（尽管他在某些场合确实接近过这种体验）。他知道官方英雄多为平庸之辈，但当他偶然遇到真正的英雄事迹时（如吐希金），他却无法识别。安德烈是一个现代的、受过良好教育的人，他同时意识到采取行动的必要性，以及赋予行动意义的不可能性。

皮埃尔·别祖霍夫　笨拙、天真且浪漫，不注重礼节的习惯在他参加沙龙时表现得很明显；他缺乏规划，经常表现出幼稚（他梦想杀死拿破仑，迷恋命理学和共济会神秘主义），并且很容易受到影响。他的性格是圆滑的。他避免做决定，结了婚，参与决斗，并在一系列他不理解也不试图控制的事件后差点被处死。他以任何事物都无法抑制的热情，一直去寻找一个明确可靠的真理。最终，他将自己沉浸在日常生活中，找到了安宁。他可能是小说中最真实的人物：他既没有距离感也不像安德烈那样"抽象"，托尔斯泰经常描述他的身体或详述他的饮食习惯。他从不认真对待自己，不断改变自己的承诺，并以激情投入大部分事业（他对拿破仑的钦佩，无忧无虑的生活，他与海伦的婚约，他的决斗，他的共济会研究，他的爱国主义，他参与的竞选和博罗季诺战役，他那杀死拿破仑的密谋，他与下层阶级的交流）："我们必须生活、相爱，并相信我们在这片土地上不仅是为了今天，并且一直会在这里，永远在这里。"他从不反对世界的无缘无故和无关紧要。他消极地看待他和海伦之间那场由别人安排的婚姻。他在博罗季诺的战场上行走，不在意危险，漫无目的，这说明他周围发生的事对他来说没有任何实际意义。

娜塔莎·罗斯托娃　冲动、对生活和自己充满信心；她经常遇到灾难，但一般都会逃脱（除了阿纳托尔之外）。托尔斯泰对娜塔莎的描述是苛刻的，尽管他欣赏她的美丽和她对生活的热情。她的天性是充满激情和高度自恋的，尽管她不是自我主义：她的大部分注意力都集中在自己身上，但她也真诚地希望别人能快乐。她完全活在当下，充斥着生活和性感的能量。虽然她不是特别聪明或善良，但她能得到她想要的一切，使她的命运得以实现。她的待遇，特别是与善良的索尼娅的不幸相比，揭示了上帝对个人美德的无动于衷，不公平的上帝更喜欢那些充满快乐和活泼的人（或赐予那些他喜欢的人欢乐与活泼）。她遇到的逆境出乎她的意料，但她在危机中勇敢而高效地战斗,就像她从莫斯科出发的时候一样。她不关心甚至没有注意到世界的毫无根据,因为她与安德烈和皮埃尔不同,她并没有试图去发现事件的重要性。

这本小说更喜欢沙龙的纯真而不是老练,更喜欢自发而非推理;但是这些评价都是相对的,这些人物经常被塑造为同时是值得尊敬和卑劣的,要么是同时出现,要么先后发生,而美德并不一定能获得好的回报。人们面临着无法解决的困境,他们的美德通过他们的努力向善而表现出来,而不是通过他们辨别善的能力;他们通过与生命对抗的尊严、命运的残酷和上天保佑的随意来证明自己的价值。历史是由一些无关紧要的原因的复杂作用引起的,体现了上帝的计划多么难以捉摸。拿破仑的荒谬的主张与库图佐夫辞职的谦虚形成了鲜明的对比。在故事的结尾,皮埃尔、尼古拉·罗斯托夫和娜塔莎最终过上了简单、健康的生活,也提到了安德烈的儿子年轻的尼古拉·博尔孔斯基的荣誉之梦,他将要天真地再体验他的父辈们所经历的审判。

无论是有教养的、有能力的理性主义者安德烈,最新潮流的狂热追求者皮埃尔,还是随时准备付诸实践的冒险家娜塔莎,都不是英雄。安德烈尽管正直并能够自我控制,却被他的愤世嫉俗和冷漠的矜持所限制;皮埃尔是一个开放的人,他愿意学习,但受害于自己的被动和天真;尽管娜塔莎从她的自信和成功的动力中受益,但她是冲动和自恋的。然而,最终,他们都通过经验获得了一定的智慧,并放弃了与历史进程的斗争。在一些特殊的时刻,一些人物似乎已经接近了一个至关重要的真相(例如,当安德烈受伤,皮埃尔在监狱里,娜塔莎在舞会上,尼古拉在猎狼的时候),但这样充满魅力的时刻很快就消逝了。生活已经让像图库佐夫这样的好领导人承担起更多的责任,但这种能力并不是任何故意的职业规划的结果;相反,它依赖于他们面对不相关的人类行为的能力,是应该像安德烈一样反对,像皮埃尔一样否认,还是像娜塔莎一样忽视它。

不相关与领导力的异常[8]

众所周知,找出那些比下属更有能力、更有资格的领导人是很困难的。当董事会之类的理性代理人选择领导者时,这个问题就会产生。当选择一个民主的政治领袖时,这个问题会进一步加剧。正如马奇和奥尔森所指出的,赢得权力所需要的品质与行使权力所需要的并不完全一样[9]。

马奇撰写的两篇在他的课程中几乎没有提到的文章(或许因为它们是基于相当复杂的数学模型,而该课程所吸引的学生数学能力参差不齐)做出了解释。首先,为什么老板通过苛刻的考核选择的结果往往被证明是令人失望的;第二,为什么有辉煌职业的老板不一定比其他人更有成就。

为什么我们常常对基于过去突出表现而被选择的领导人的表现感到失望

老板的表现常常令我们感到失望。这只是由于他们在上任前做出的过度承诺所导致的吗?心理学或社会学常常给出相关的解释,但这种失望也有可能是选择机制所带来的必然结果[10]。

让我们考虑一种招聘情况，在这种情况下，我们可以观察候选人在选拔过程中的表现。我们可以设定固有绩效 k_i，它与第 i 个候选人的能力有关；一个未知的量 ε_i，它与在特定时间里候选人是否处于良好状态有关，即考察的问题是否在他或她的专业领域，评估工具中的随机错误以及其他的特定情况。我们假设 ε_i 是一个平均值为零的正态分布。选择者、选民或招聘人员将观察每个候选人的整体表现（$k_i+\varepsilon_i$），并根据这一可观察的标准来决定最佳人选，这是一种天赋和运气的结合。如果要在一组候选人中选择最大的 $k_i+\varepsilon_i$，那么它往往倾向于选择那些要么更有天赋，要么更幸运的候选人，或者两者兼而有之。在人才差异不大的候选人的竞争中，与运气差异相比，人才的差异可能很小。换句话说，一个候选人必须比其他人领先，才能确保获胜。随着候选人人数的增加，运气的作用也在增加。

这一观察结果的推论是，被选中的候选人的表现将会更令人失望，因为帮助他或她击败其他候选人的运气在未来很难再起作用。甚至可以计算出，对于给定的"幸运"分布，这个"回归均值"的值（即：这个候选人的价值可能被高估了多少）。这让我们可以根据既定的研究预算做出最佳的选择，这取决于我们是否要确保不会错过任何一个优秀的候选人（在这种情况下，面试是简短的，且会得出一个包含众多候选人的不精确的排名），还是要确保获胜的候选人不会低于某个特定的能力阈值（在这种情况下，会针对较少的候选人进行更彻底的考核，即使这意味着降低了发现天才的概率）。通过这样的方式来进行选择,虽然过程中有很多随机错误,但平均来说仍然会产生最佳结果。然而,一般来说,这种比赛的获胜者将不会像在考核时所预期的那么出色。

老板拥有不同寻常的天赋么?[11]那些拥有辉煌事业的人在多大程度上比其他人更有天赋?为了从一个特定的案例中找到这个问题的答案,马奇基于超过33年的传记数据,研究了美国中西部威斯康星州学区的主管(首席执行官)的职业生涯。

职业发展的基本模式建立在管理职业生涯中成功和失败的过程中看似合理的几个假设之上。

(1)如果一名主管的表现令人满意,他或她将被保留在岗位上。

(2)如果在某段时间后,一位主管的行为被证明有特别糟糕的结果,他或她将被解雇。

(3)如果在某段时间后,一位主管取得了非常好的成绩,他或她将会升职。

33年间,威斯康星州的454个学区中有1528人可以观察,让我们用这3个假设来解释主管的职业生涯。

根据第1个假设,主管的能力**有大有小**。他们能化解危机的概率与他们的能力大小成正比,这种能力在时间上被认为是稳定的。换句话说,他们表现的变化是由于他们的天赋(还有一些不稳定的机会)引起的。

根据第2个假设，在他们的职业生涯开始时，主管们的能力大小相同，但是**随着他们遇到并处理每一个挑战和危机**，他们的应对能力会有所提高。根据这一假设，后天习得的知识比天赋更重要，而优秀则与经验有关（但与资历无关，因为危机是随机发生的，使得一些主管获得更多的**学习机会**）。在第3个假设中，所有主管都有相同的能力，并且这些能力随着时间的推移是稳定的。他们在**一开始就是平等的**，并且**一直如此**。

在被观察的时间段，一些主管拥有辉煌的职业生涯，也有一些则停滞不前甚至被解雇。这三种假设中哪一种更符合观察的结果呢？奇怪的是，三个假设都会产生与观察到的职业结构完全相符的结果，因此我们无法在模型中进行选择。

因此，根据每个人的业绩来晋升的过程会导致人们职业生涯的巨大差异，**即使所有的人都有完全相同的能力**，只有他们在应对或逃避挑战时的运气对他们的业绩有影响。在这个庞大的数据集中，无法证明或证伪成功的人平均而言是否有更多先天或者后天习得的能力。

需要解释的是，当一个候选人首次被聘为主管时，就已经成为一个筛选库的一部分；人们越接近职业生涯的巅峰，这个筛选库中人与人之间的同质性越高，因此基于这个筛选库的选拔主要依赖于随机的"干扰"[12]。

我们可以从这些数据和这个小模型中得出三个初步结论。第一，减少选择误差（统计偏差）影响的有限方法之一是观察周期的延长,即等待一段时间之后,再提拔那些表现优异者和解雇那些失败者[13]。

第二,谨慎对待一时的成功者!成功者有越来越多的机会展示自己的能力,以及从多个情形的巧合中获益;然而,由此可推断,他们在此之后失意的可能性也会增加(这一点与上述观点相似,但更关注后续事件)。

第三,相较于未晋升的时候,管理者在他们晋升后的职位上的业绩一般会更差(运气并没有一直对他们有利)。这就回应了之前的预想:新的职位比以前的更困难、更苛刻,即使事实并非如此。

大多数坐在飞机头等舱的人都认为自己的能力与同辈相比更加出色,尽管他们晋升的主要原因可能只是一连串的运气。

如果无法通过考核测试或对过去的成功进行评估,来找到优秀的领导者,那么有没有什么特定的因素是与个人的未来、有声望的职业相关联的呢?人们一直搜寻着这些因素,偶尔会发现一些统计学意义上的重要因素。但其中的大多数结果无法复制到别的研究中。其中一些(例如,身高)似乎在统计学上是可靠显著的,但它不具有实际意义。也许最可靠的重要因素(如,出生富贵,男性)都是众所周知的,但在政治上并不正确。

权力的模糊性

领导力意味着权力,但权力是一个有局限的概念。权力很难被定义和衡量，也无法形成可以验证的预测。我们只能肯定，征服者比被征服的人更强大，然而这只是一种纯粹的同义反复。简而言之，权力作为一个对于个体的有形且属性稳定的概念是没有实际意义的。然而，这是一个经常被使用的概念；人们对权力的感觉与对自己的评估有关（这通常是一个恶性循环，因为一个人的强大或软弱的名声将会影响他或她的成功或失败）。权力会引起欲望、羡慕和庆贺，但也会带来厌恶、恐惧和嫉妒。民主的理想要求任何可能的权力差异都是合理的，如果有必要的话，甚至是有限的。权力有一种美学上的吸引力（像强大的人支配着自然或他的敌人这样的想象）[14]，它让我们着迷。

权力的粗略定义是获得人们想要的东西的能力（或者帮助他人获得他们想要的）。在经济和**贸易层面**，权力来自对稀有资源的控制（珍贵的议价筹码）或有与众不同的偏好（觊觎没人想要的东西）。在**集体选择层面**，如果一个决定是所有参与者选择的加权平均值，一个人获得他或她想要的东西的能力（权力，根据上述定义）与他或她在决策过程中的重要性（权力，根据一些其他定义）以及他或她的偏好与其他人的一致性有关。即使一个没有影响力的人，他或她的欲望与大多数人的欲望相同，那么他们能很容易得到想要的结果。尽管每个人都同意一个人的"权力"取决于他或她所控制的资源，但偏好的重要性往往被人们遗忘。

历史可以被看作人类战胜自然力量的持续进步，也是对不同群体和个人拥有权力的永久改变，这种改变是在总数不变只有相对位置发生变化的情况下发生的。权力的味道可以被看作一种个体的特征，不同的人、不同的文化和不同的性别都会有差异。就像对复仇、野心和爱的渴望一样，它是无法被满足的：

> 别的娘儿们让你尝到了甜头，
> 你就越感到饥饿；
> 她可是越给人满足，
> 越叫你贪馋。（莎士比亚，《安东尼与克里奥佩特拉》，II，2）

尽管权力作为一个描述性或解释性的概念不能让人满意，但它仍然是故事及其诠释的中心元素。

尽管存在着诸如市场和非层级网络等其他可能的协调方式，层级组织显然是配置权力的体系，因为它能有效地协调个体的行为。这就是社会规范管理的系统：如果领导人过度使用权力，就会被认为是专制的；如果他们太过谦逊，他们就会被认为是软弱的。因此，领导者们会关心他们的权力声誉，因为这是他们组织效率和个人价值的证明。作为权力的合法持有者，他们小心行事，对那些藐视权威的人做出无情的回应，并在公共场合证实他们的权威。在有些情况下，对流程的筹划和解释比任何实际结果更为重要。

我们通过考虑资源（等级地位和财富）、过程（如：谁参与了什么决定；行为模式，如表达意见的程度或对其表达的尊重程度）、结果（谁获得了他或她想要的或强加了他或她的观点）以及其他人的态度（例如：尊重或恐惧的迹象）来评估个人的权力。因此，每一个方面都有助于提高权力的声誉，领导者通过寻求控制更多的资源，组织决策议程，控制偏好（他或她自己和其他人的），并争取同事恭敬的态度。

这也许可以解释为什么权力的行使常常是炫耀和仪式化的，为什么没有权力的人缺乏自信，渴望得到认可。权力拥有者的烦恼有时会破坏他们的地位和名誉。因此，权力往往不仅对那些没有它的人具有破坏性，对那些拥有它的人也是如此。它会破坏他们的人性，扭曲他们的感情以及与他人的关系：信息交流不再单纯，理所当然的尊重与情感变得可疑。权力意味着丧失自主和自由，因为拥有权力的人依赖于复杂的联盟网络，更多地暴露在公众之下，并且由于强大而受到更严格的社会控制。

不行使权力的人可能希望有一个强大的领导者，并且喜欢归属于一个主导性组织或团体（特别是如果可以通过定期侮辱对手组织来证明这种统治力的时候，例如，夺取竞争对手的市场、股份，击败邻国的体育队或者赢得战争）。他们偶尔也会反对权威，尤其是在风险很小的情况下，他们可能会挑战现有的等级秩序。他们也可以尝试，不违背既定的秩序，通过虚张声势来对组织进行操纵，就好像他们比实际拥有更多的权力或权威一样。他们可以与强者结盟，通常是通过给予对方尊重，确立统治者的地位，来换取巨大的利益，这是一种很大程度的真正的自治、利己的回报甚至是权力，无论是隐藏的、真实的还是想象的。

尽管权力难以衡量和定义，但它扮演着一个领导者不能忽视的象征性角色。他必须理解它产生的这种矛盾的感觉——部分吸引，部分厌恶。例如，见证军队行军或高效的组织所释放的魅力，或在战斗或喊话时被压抑的情感的发泄而不受一般文明的约束；为了追求平等和受控的关系受到的社会约束，恐惧和羞辱弱者造成的愤怒；强者对失去权力、被人猜疑或者要求做他们不想做的事的恐惧（或他们的人际关系受到其地位的破坏）。有些人害怕权力，有些人寻求权力，有些人怕并寻求着。那些知道如何消减困难的人懂得如何去权衡快乐与危险，通过灌输热情而非恐惧并善用仁慈和礼貌来尽量减少消极的方面。每个人都能认出这样的人是领导者，这本身就可能是一种怨恨的来源，因此，他们必须学会接受那些不可避免的负面反应，尽管他们的初衷是善意的。

是否能做出一些根本的改变呢？我们对统治与服从、等级制度和领导者的角色根深蒂固的思想使得改变难以想象，特别是因为它们是社会稳定的因素。如果需要改变，我们需要重新思考以领导者的控制和对利益无休止的斗争为基础的社会秩序的看法。我们必须明白当前秩序的优点——它的效率以及有时反常的美（无论是否受到伤害，在战争和暴力中发现的美，权力的确定，依赖和奴役，危险和羞辱）。当然，我们同样可以想象一个不那么重视统治关系的世界，通过与层级组织相似的方式追求效率，同时无论成员的角色如何，都互相尊重[15]。

社会秩序

领导力是嵌入在决定社会秩序的社会体系中的。因为家庭关系在个人生活中的重要性不同，托尔斯泰在《战争与和平》中所描述的社会秩序与西方民主国家所熟悉的社会秩序不同。家庭不是一个私人领域，但婚姻作为社会秩序的基石是确认和提升个人声望和财富的途径。在他接受遗产成为别祖霍夫伯爵的那一天，皮埃尔的重要性（起初只是一个地位模糊的私生子）即使在他自己眼里都被彻底改变了。沙龙里的谈话的重要性更多地取决于演讲者的地位而非主题，就像现在很多组织中的会议和委员会一样。托尔斯泰批评俄罗斯领导人的无能——部分原因是基于家庭相关的标准选出来的，以及与农村和农民的对"真实"的追求相比城市贵族们虚伪的生活。由于多洛霍夫和德尼索夫的无能透顶，以及娜塔莎对快乐的限制，这种社会秩序被皮埃尔和安德烈以理性的名义拒绝，被玛利亚和柏拉图卡拉塔耶夫以信仰的名义拒绝。尽管如此，《战争与和平》并不支持叛乱。托尔斯泰偏爱的人物往往是那些参与既定体系的同时，保持自身的独立，又同时懂得如何纵情欣赏偶尔的魅力（沙龙、舞会、歌剧）的人。

在《战争与和平》中，基于贵族和家庭传统的俄罗斯社会秩序受到了像皮埃尔和安德烈身上体现出来的基于科学和智慧建立起来的现代秩序的挑战，以及新德里索夫、多洛霍夫和伯格身上所展现的新制度的挑战。社会秩序的变化是缓慢的，比个人去适应它要慢得多。

然而，对于社会秩序以及个人对它的反应最突出的莫过于小说的两面性了。《战争与和平》一方面展示了托尔斯泰对俄国上流社会的虚假生活的批判，和对真实的农民生活的赞赏；另一方面，也展现了他对他所谴责的生活中的魅力的欣赏。尽管颂扬美德需要避开文明的暴政,这本书却充满爱意地描绘了邪恶的真正意义,并指出,美德对那些经历过罪恶的人来说才是更有意义的。

因此娜塔莎谴责她在歌剧中所发现的(V,8),在那里,她"被在场的人弄得愤慨而好笑",但她也同时被诱惑,认识到她的诱惑力,最终被海伦和阿纳托尔所操控。《战争与和平》指出大多数人无法逃避社会的腐败,但可能获得某种程度的智慧,由于对现行的规则和远大的期望都缺乏信心,而着眼于日常工作,过着简单的生活。我们可以看到,这是一种道德上的平庸,与尼古拉和娜塔莎在小说结尾的命运相一致。他们放弃了生命中人为的魅力,以达到清醒,获得成熟的智慧。但小说最后也提到了安德烈那充满热情和活力的儿子,开始了新的希望和失望的循环。

注释:

1. 这些想法在垃圾桶模型中已经得到了发展,参见 *Invitation à la lecture de James March*, p. 42 and Michael D. Cohen, James G. March, and Johan P. Olsen, " A garbage can model of organizational choice," *Administrative Science Quarterly*, 17 (1972) 1-25. See also James G. March, *A Primer on Decision Making*. New York: Free Press, 1994, chapter 5.
2. 我们曾在课程中完整地阅读过这首长诗。
3. 浪漫主义的定义可能会令人不安。这种态度包括欣赏世界和人类的美丽,拥抱丰富的人类矛盾和模糊无序的情感。同样地,在"公司的行为理论"中,马奇并没有从一个决策制定者理性行为的规范模型出发,而是描述了组织中观察到的行为,并试图去解释它在多大程度上是智能和高效的,因此,他构建了一个基于观察(并评估)现实的对话。科尔内耶给了我们关于人类状况的教训,而维克多·雨果和莎士比亚则以仁慈和宽容的方式来展示它。

4. *Invitation à la lecture de James March*, p. 48 and "The technology of foolishness," *Civiløkonomen* (Copenhagen), 18(4) (1971) 4-12, reproduced in *Decisions and Organizations* and, in part, in "Model bias in social action," *Review of Educational Research*, 42 (1973) 413-29, reproduced in *The Pursuit of Organizational Intelligence*.

5. 尽管托尔斯泰特别喜欢哲学上的分歧，但是，一个叙述者对他笔下人物的反应进行讽刺，是许多经典小说的一个特点（例如：巴尔扎克、司汤达和雨果）。

6. "当你在指挥的时候，最重要的是要做出决定，不管它是什么。一开始你会感到害怕，但随着经验的增长，你会意识到这一切都差不多相同……无论你所做的决定什么。"在玩笑中，阿努依写了他的关于圣女贞德的戏剧。

7. "不相关性"指的是没有任何可能的个体能够以一种有意义的方式行动，为使这个世界变得更好或更容易接受，做出任何成功的保证。

8. 本节并不是根据原始的课程笔记书写的，而是根据其他一些发表的文献所书写：J. C. March and J. G. March, "Performance sampling and social matches" *Administrative Science Quarterly*, 23 (1978) 434-53, and J. R. Harrison and J. G. March "Decision making and post-decision surprises, *Administrative Science Quarterly*, 29 (1984) 26-42), as well as an article by Thierry Weil "À quoi sert le chef: la modélisation subversive chez James March," in Eric Godelier (ed.), *Penser l'organisation*, Paris: Hermes, 2003

9. J. G. March and J. P. Olsen, *Democratic Governance*, Free Press, 1995.

10. J. R. Harrison and J. G. March, "Decision making and post-decision surprises," *Administrative Science Quarterly*, 29 (1984) 26-42.

11. J. C. March and J. G. March, "Performance sampling in social matches," *Administrative Science Quarterly*, 23 (1978) 434-53.

12. "噪声"是物理学家和统计学家用来描述他们观察到的事物的随机变化的一个术语，它导致了测量的"信号"的模糊。所以，候选人在考核中所表现出的是叠加的结果（部分结果揭示了候选人的内在能力）和噪声（随机波动的表现，也许因为候选人是否在最佳状态，讨论的主题是他或她是否熟悉等）。

13. 如果结果不依赖于领导人的能力，这显然是毫无意义的，但更换领导人同样徒劳。
14. 想想所有提升英雄力量的战争故事，从《伊利亚特》到西方和其他好莱坞电影。
15. 这一主题将在第 5 章中做进一步讨论。

问题

4.1 领导者对于历史进程的重要性并不及我们所接受的那样。其中很多领导对历史的影响是被创造出来的，也是历史必不可少的部分。

请对此发表评论。

4.2 考虑如下争论：

组织生活的第一公理就是：你可以拥有权力或自主权，但不能兼而有之。拥有权力的代价是放弃自由，因为任何社会制度都不能容忍自主的权力。一个教训是如果你是一个新的掌权者，是很难认识到这一点的，因为你认为权力会让你自由，实际上它不会。拥有权力通常会让你感觉良好。权力使你能够对周围的事件产生影响，甚至使它们更好，但权力无法通向自由。权力与权力相互吸引，它让你陷入了一种社会关注和责任的网络中，而这种责任剥夺了你的独立性。最重要的是，权力会驱使你结盟，而这会无情地破坏自主权。

这一争论背后的理论是什么？其普适性如何？哪些部分是真实的，或者可能是真的？有什么启发？

4.3 考虑学习当代生活的学生提出的问题：

（1）为什么随着年龄的增长，孩子们变得越来越有趣，而成年人却变得越来越无趣呢？

（2）为什么关于沟通的理论家通常都是很差劲的谈话者？

（3）为什么就魅力而言，一个诗人比经济学家更令人着迷？

我们学到的对这3个问题的回答是：偏好和态度的不同决定了这些。

（1）随着年龄的增长，孩子们变得越来越有趣，因为他们发现了自己的喜好，并通过行动来构建自己。他们最初的行为没有充分的原因，在过程中才慢慢找到理由，从而以一种有趣的方式改变和发展自我。与此不同，成年人的行为基于已知的原因和固定的偏好，不会随着周围的世界而产生变化。

（2）沟通的理论家通常是很差劲的谈话者，因为他们认为沟通的目标是消息发出者的想法被完整传递而不失真。然而，在一个精彩的谈话中，交流的意义是开放的，信息会被转化，变得比消息发出者所预期的更有趣。精确使对话变得糟糕，而误会可以丰富它。

（3）就魅力而言，一个诗人比经济学家更令人着迷，因为对于一个经济学家来说，魅力是一个单一、明确的目标，是选择实现目标的最优策略，并直接向它移动。而诗人并不区分魅力与生活。两者都没有明确的目标，而是对全过程魅力的开放，并接受各种各样的结果。

请评论：这对领导力有什么潜在的启发？

4.4　在对施纳格拉登订婚的叙述接近尾声时，托尔斯泰描述了安德烈王子的感受："他感到痛苦和悲伤。这真是太奇怪了，与他所预期的不一样。"

让安德烈苦恼的是什么？为什么他很伤心，而不是生气？从托尔斯泰对施纳格拉登的事件的解读中，我们能得出什么结论呢？托尔斯泰是如何在小说的后期阐述他的观点的？对领导力有什么启示？

4.5 《战争与和平》的开场场景带我们进入了安娜·帕夫洛芙娜和海伦·别祖霍夫的沙龙和莫斯科社会优雅精致的世界。托尔斯泰在小说中不断地重复着这些场景的光辉、无聊、虚伪、懒惰和虚荣。

为什么要这么做？有什么意义呢？我们如何理解？

4.6 随着他的成长，安德烈开始认为俄国社会生活的仪式是错误的，将军们的主张是荒谬的，情人的梦想是自我毁灭的，社会改革者的希望是天真的，而希望通过承诺和行动来实现个人价值是徒劳的。同样地，现代生活中的许多老龄评论家认为世界和平的计划是愚蠢的，健康的环境是天上的馅饼，"安全的性行为"是一种矛盾，努力在市场上寻求道德行为是愚蠢的，通过积极参与追求理想来实现个人目标的愿望是幼稚的。

为什么随着年龄和经验的增加我们会发现，自己对有效行动的可能性的期望越来越渺茫。这对领导力有什么启示？

On Leadership

第 5 章

性别、性与领导力[1,2]

组织中领导的性别

除少数特例外（如 18 世纪的俄国，常常由女性主持国家政权），绝大部分领导岗位一直被男性占据，尽管近年来我们看到这种情况有所缓解（如玛格丽特·撒切尔、卡里·阿基诺等）。

因此，组织规范主要是由男性价值观主导的，尽管这种价值观一直在变。大量心理学实验和社会学观察表明，男人是如何在身体对抗或具有象征意义的行为中通过反对权威、与其他男人争夺权力来获得男子气概的：

- 与女性相比，男性更愿意选择竞争和对抗的策略；
- 与女性不同，男性会受到竞争环境的刺激；
- 与女性相比，男性与权力的冲突更多（学校、犯罪、监狱人群等）；
- 男性在获取成功的奋斗过程中会遇到更多的挫折；
- 男性有更具攻击性的比赛与行为；
- 人们可以看到一群男孩对新来者的攻击，以及对那些不得不在群体中维护自我的新成员的更厉害的侵犯；
- 男性必须隐藏他的情感和情绪（男儿有泪不轻弹）。

组织展示了男性帮派的所有特征，尽管禁止身体暴力，却被口头和经济竞争以及为了晋升的职业竞争所取代。女性通常会根据男性与其他男子竞争时获得的地位来对其进行判断，从而强化了这种竞争。男人的地位取决于他相对于其他男性的位置；而他相对于女性的位置通常不那么重要，这可能仅是一个假设，但也可能因为女性的位置与男性之间的地位排序并不相关。

组织中的女性所遇到的困难，与大多数少数群体相同，在于她们的文化与当地的规范不同。男性往往并没有意识到自己的规范，因此他们对于自己对女性所造成的问题并不知情。由于女性缺乏足够的权力和条件与现有权威对抗，因此她们会采取服从、虚张声势或与少数或边缘群体结盟的行为。

浪漫的小说通常由女性作家为女性读者而创作（包括艾米莉·勃朗特、弗吉尼亚·伍尔夫和多丽丝·莱辛在内的一些杰出作家），她们提出了一个关于女性期望的有趣理论。通常情况下，男人和女人的见面是让人失望的；男人冷漠、充满敌意、专横跋扈；而当他们分开后，男人意识到他爱上了那个女人；女人把他的冷淡看作爱的象征；他说服她相信他是爱她的，最终他们重新团聚。女人是一个聪明而独立的勇士，而男人强壮又善良；为了爱情或与外界发生冲突时，英雄会富有攻击性，但在任何情况下，他都不会胆怯；最终女主人公得到了她想要的，而男人保留了他的尊严。女主人公害怕被欺负、被抛弃，一个强大却敏感的男性角色让她感到安心。简而言之，这些小说描述了女性在一个她们几乎没有直接权力的世界里寻求自主权与成就感的努力：她们拒绝被支配（甚至希望能够让被她们选中的男人为之下跪）。她们幻想着一个在男性的世界中具有统治力和权威的男人，但又服从她们的需求（强大，却又善良；刚健，却又细心；能保护她，却又温柔等），而不是在暴君和懦夫间做出选择。

虽然男性更擅长于竞争策略，但女性往往能更好地利用联络策略。这种策略会降低与老板的关系中权力游戏的重要性。值得注意的是，老板与下属之间的关系本质上是"一夫多妻的"（不像下属与老板的关系），而且涉及老板为了展示不同而进行的物质交换。这种一对多的关系会导致社会对这种关系中涉及的性要素进行谴责。

女性缺乏统治力的管理风格在男性文化中往往会受到贬低（例如，阿基诺夫人因为她的"优柔寡断"而受到批评）。男女风格的差异通常如表5-1所示。

表 5-1　男女风格差异

男　　人	女　　人
等级制度	连接与尊重
分工	个人关系
工具理性	语境推理
明确界定界限	界限微妙
集团统治	结合语言与行动

女性的一些特征与地位低下有关，与那些处于弱势的男性情况相同，而处于强势位置的女性则往往具有男性化的风格。但也有另一类人的行事风格则更多地与性别认同联系在一起——处于强势地位的女性仍保留着女性特征，处于从属地位的男性仍有男性的态度。

授权与相互信任，与对全过程的理解相关，它使得所有个体在考虑组织其他成员的约束的情况下能够完成他们自己的任务。相互信任建立在对组织目标的一致理解和认同，并且对从组织中获得的象征性认可感到满足的基础上。

组织里日常琐碎的协调包括每个人都被告知整体的情况，被培训在任何特定的情况下进行适当的反应,并有信心采取现场行动。它包括对错误的容忍,避免在局部打压有意义的试验。广泛分散的主动的力量,通过相互的调整协调,能有效地做出反应,并避免昂贵的专家或层级控制[3]。英雄式领导既不是必需的,也没有什么帮助。备受尊敬的工业领袖阿尔弗雷德·斯隆特别强调组织能力的密度。他在设计管理程序时,会确保通用汽车的能力和有担当的部门领导们能够发挥作用,而不是依靠那些不可思议的数字。

在促进相互信任和对所有人认可的同时,低调地组织协调所需要的品质,似乎比那些英雄领袖的品质更"女性化"。[4]

这种性别主义的领导风格可能得到改变吗?对整个群体而言,弱势群体的策略有可能比占主导地位的个人行为更有价值。这让无数的女性感到沮丧,尽管可以肯定的是这对整个社会都是不利的,而且在道德上不合情理。在此,我们可以有理想主义的、现实主义的或浪漫主义的态度。理想主义者对传统秩序有一种怀旧的热情,并试图尽可能精确地复制,以颂扬男性组织、等级制度、性别专长以及权力竞争的魅力。《战争与和平》展示了这一古老秩序的吸引力,即使是在拒绝它的时候。

现实主义者试图通过一种"双语"教育使女性能更好地掌握当前的竞争规则,使她们能够掌握男性守则,同时造就那些(尽管是间接的)对女性职业生涯有害的社会结构(例如,对商学院要求候选人具有重要的职业经验,从而将年轻的母亲排除在外)。

浪漫主义者试图改变现实,特别是通过强调女性领导方式对组织的有用性：更好地把握环境；对复杂性、模糊性和不一致性的容忍；更有同理心，更少独裁的领导风格；灵活的合作策略，而非公开的竞争。在从权力和统治的角度来描述世界的视角没有任何改变方法的情况下，现在的女性发现自己选择的规范仍处在男性的制度中，从而变得沮丧，因为她们必须牺牲一些女性的特质。尽管如此，她们构成了变革的特洛伊木马，她们的二元能力使她们能够更有效地利用那些从男同事手中溜走的机会。世界正在改变，我们的意识形态超越了组织的现实运作。或者，这种虚伪通常是引领真正转变的一种方式[5]。

性、组织和领导能力

性在组织中有多种呈现形式。撇开性行为本身不谈，组织的运作依赖于一系列影响日常生活的性态度、性幻想和性诠释。组织竭尽全力地惩罚那些不可接受的性侵犯和骚扰行为，但是研究组织和领导力的学生则常常忽视性的其他方面。

个人幻想和行为的社会控制

据说，最主要的性器官是大脑，大概是因为想象力在性方面起着至关重要的作用。性幻想的世界提供了一种逃避有害或过度干预的现实生活的手段——例如，如果一个性交对象是能够在别人的梦境中带来性高潮的人，这可能会被质问：为什么一个人有权邀请另一个人进入他的梦想。尽管如此，性爱的幻想世界是快乐的源泉，它丰富了生活、让人充满精力、创造力和快乐。

对性的表达和描述遵循着社会和意识形态的规范，这是一种约束，但它也在不断地演变（就像年轻人的俚语，对上一代人来说总是难以理解的）。诸如"强奸"或"性侵犯"之类在情感上令人高度紧张的术语，现在包含了一些以前从未被定义为这种类型的行为。这有一种模糊的效果，因为它扩展了由这些术语引起的责骂，却忽略了它们之前使用时所带来的恐惧。另一个例子是"敏感的情人"，传统上是指一个对伴侣的需求和欲望很关注的，并且注意调整自身的行为适应这些需求的人，但现在往往表示一个男人/女人以刻板印象的方式行事和谈话，表明他正在适应预设的对方的异性欲望，例如对特定伴侣的特定需求不敏感。这种敏感性在实践中表现出来，但并没有在实践中得到应用，因为它已经成为一种意识形态的象征，对社会需求产生了一种愤世嫉俗的反应。

组织为性的表达和建构提供了一个自然的环境，因为人们在其中花费了大量的时间，并且有大量的机会去与他人见面并与他们进行深入的交流。然而，在这种情况下，男人和女人在性方面的表现是不同的；男人更多地谈论性，更倾向于展示他们是异性恋。

社会规范为组织中关于性的行为提供了一个框架。性冲动可能会扰乱正常的规范，或者会促进规范的整合。在性表现或行为对社会秩序构成潜在威胁的情况下，它们很可能被抑制。相反地，在组织当局压制性行为或态度的情况下，成员公开显示关于性的行为可能是以自由、异质亚文化或代沟的名义来对抗权威的一种方法。所涉及的社会态度会在以下相互矛盾的情绪之间转变：

- **迷恋**，一种与社会和行为科学发展、当代社会或者一个特定的社会有关的病理学；
- 对健康（类似于吸烟）和好品位（正如切斯特菲尔德勋爵所说的那样，"快乐是短暂的，地位是荒谬的，而花费是应该诅咒的"）有损害的沉溺的反感；
- **热情**，性是生活和快乐的表现。

美国社会作为一个充满宗教原教旨主义的政治民主群体，其独特结果就是自由和保守主义[6]的结合。它提倡美好的情感和对个人自由的尊重，但同时也有惩罚罪犯的社会警觉。所有这些都导致了对待罪恶的一种伪善的态度，这种态度是公众谴责和私人狂热的话题。因此，在美国文化中，承认性行为或享受性的乐趣，意味着要冒着沮丧、他人的反对和自我厌恶的风险。

组织一方面嵌入在社会中，同时又受到其规制的压力的保护，这种保护是由其成员遵守和强化部分取代社会规范的组织规则的意愿来实现的。因为组织以层级和权力关系的方式实现结构化，性与权力相关的部分扮演着重要的角色。拥有权力的男性在性方面具有吸引力，性交易也能在一定程度上证明他们的权力。

性骚扰

我们对性骚扰问题的高度敏感降低了它的发生频率，但使其更加透明。这是所有暴露在公众监督之下的犯罪行为的特征：我们看到的得到客观证实的案件数量在减少，但被谴责的案件的数量有所增加。社会的注意力是由某种应受谴责的行为引起的，但这也起到了宣传的作用，从而导致了其他应受谴责的行为。

组织之所以受这个问题的困扰是因为通过层级来控制资源的重要性以及男性的主导力量，以及性作为动机或资源的核心角色。骚扰是强者支配弱者的表现。因此，在组织中，这种行为模式是一种常规模式，在这种模式下，强者通常会按照男性规范的模式来羞辱弱者，且会将这种统治模式扩展到受社会限制的领域之外。性的确是一个文化敏感的领域，性交易与其他类型的交易是不一样的。它属于私密和个人化的领域，因此摆脱了组织对它的掌握。当代的行为准则明确地谴责骚扰，但传统的妇女教育和社会化模式使她们中的许多人适应了现实，无论多么令人不快，她们会觉得这不可避免。在一个男性的世界里，性能力是权力的象征，而性控制是权力的特权，真正的问题往往是权力而不是性。

社会已经采取法律和监管保护措施来应对骚扰问题。例如，在大学里，规定了教师和学生关系中的行为规则，来保护女性免受男性的压迫。当然，我们已经学会了关注潜在受害者的脆弱、威胁和羞辱，我们同时也学会了关注被告的脆弱，因为行为可以在以后被重新定义，而且，一项指控可能造成的社会惩罚，几乎和那些被证明有罪的人一样严重。

尽管关于性骚扰的许多行为基本能说清楚，但要界定确切的界限并不容易。将任何可以被理解为骚扰的东西都看作骚扰，这种立场太过极端。这样的标准防止了潜在的骚扰者，但其法律依据是不完备的。就好像我们说，所有被认为是不公正的事物都是不公正的。一个适中的立场是允许"理性"的人使用他们的常识来决定什么是骚扰行为。这是许多司法系统的传统做法，尽管它存在模糊性，但它还是有一些优点的。然而，当一个社会中的子群体（这里主要指男人和女人）的文化差异太大，不能就什么是"合理的"达成共识，这就更难付诸实践了。这引出了我们更形式主义的立场，其中包括规定性地界定一个封闭的应急行动清单——但这在一个模糊性很高和情境至关重要的领域中形成了一个非常僵硬的评估框架。这可能会使有些情境中合理的行为被谴责（比如给某人一个吻），同时也可能使更有害的行为免于惩罚。

性关系

普通的性关系与骚扰不同，是两相情愿的，即它需要双方的同意。然而就像在医学和法律的"知情同意"中讨论的那样，"同意"这个概念充满了模糊性，而诱惑又会加剧这种模糊性。同意是假设双方都清楚地知道他们想要什么，但是他们的欲望往往是模糊的、变化的，并且会受到环境的影响。而当同意被认为是回顾性的，有时甚至是在实际事件发生数年后时，问题就变得更加复杂了。在他或她试图回想过去事件中自己的想法时，记忆常常受到个人当时情绪的影响，并且明显带有追溯的合理化的偏见。这种已经模糊的问题在一些不太具有社会合法性的关系中变得更加模糊，比如在那些规范传统上是异性恋的组织里的同性恋关系。

一个自由的社会一般不容许对自由交换加以限制，因为它被认为是社会自由生活的基础，也是每个人改善自己处境的一种方式。

然而，交换的性质使"同意"的想法变得困难。什么交易在一定程度上是不受限制的呢？如果可能的话，即使是为了得到他或她更喜欢的东西，谁不愿意将他或她所交出的东西保留下来呢？如果交换是社会关系的合法基础，我们如何谴责友谊和性回报中利己主义的交易呢？性回报对于伙伴不多的人而言，代表着一种资源从而显得尤为重要。在女性很难通过其他途径获得经济资源的社会中，通过性回报来获得经济回报的交易是传统婚姻的基石之一。显然，爱情超越了这一交换的概念，否定了它；但是，婚姻作为一种社会管理的关系，通常会被限制在一个合理和平衡的交换关系中。类似地，组织中通过性的回报来得到组织回报的交换是很普遍的，而且传统立场认为，通常是女性同意向控制组织资源的男性提供性回报。

这些交易对那些缺乏资源的人（没有权力的男人，没有吸引力的女人）、用其他资源来实现自己目标的人（吸引女性的有魅力的男性，通过自己的才能得到组织回报的女性）以及那些以道德为理由谴责这些交换的人来说，是个问题。这种道德上的谴责认为，基于交易的性关系本质上是有失体面的，认为性亲密的价值在于它与金钱交易的独立性（在另一个领域，一些自愿献血者一旦得到经济报酬就会停止献血）。

同时，这可能还存在不可剥夺的权利的问题，像政治权利、儿童、组织内的责任、道德，或许还有性选择，我们只是监护人或者代理人，不是所有者。对处于我们监护范围内的东西（如组织资源，以及我们的性忠诚）进行交易就是一种腐败。

所有这些考虑使控制组织内部的性关系合法化，即便这种关系是双方自愿的，就像对组织资源的使用也是受到约束的以免有腐败、勒索或者特定类型的伤害和破坏，以保护个人的尊严不受羞辱行为的侵犯。这种约束被法律、社会压力和良心进一步强化。

模糊的性行为

一个特定行为的重要性受到其表现方式的影响，而表现方式在不同的文化中是不同的，行为的重要性还受到我们的解释框架的影响，这种框架也随着时间不断变化。我们可以从经验中了解到，我们曾经认为老师或老板对我们造成的压迫，其实是正当的职业行为。我们可以发现像芭蕾舞剧和会计师一样曾经看起来缺乏兴趣的事务的魅力。随着距离和经验的积累，父母对我们严厉的处罚可能是一种爱，与同事调情可能会成为性骚扰，我们在醉酒夜晚的行为可能是可耻的和羞辱的。

所有这些问题在性的领域里纠缠，特别是当某些事情在一种文化中很重要，而另一种文化对它很冷漠的时候。当拥有权力的人注意那些权力较弱的人遇到的问题和感受时，事情会变得容易很多。因此，一般情况下，在绝大多数的组织情景中，相对于女性而言，男性对权力的不平等的敏感度要更大。

对过去的重新解读使事情变得更加困难。有价值且得体的行为通常包括关心他人的反应，警惕不安与痛苦的迹象，但一旦遇到苦难，人们会改变对曾经接受甚至鼓励的事物的评价，从而使得这种行为变得不再可能。回顾性的解释演变为对尊重、野心和复仇的需求，而当下对它们的期待似乎已经成为一种固定的模式。

领导者的性

男性领导人必须考虑到这个困难。他们不能指望生活在一个"真实的"环境中，因为他们所打交道的人的态度、感受和接受能力都会受到他们权力地位的影响。在性领域，权力是一种壮阳剂；并且当权力减弱时，领导人的性吸引力也会减弱（无论在现实还是记忆中）。

权力的壮阳效应源于这样一个事实：保护性回报的交易中微不足道的财务所得已经巧妙地融入我们关于性的社会和心理规范中，因此，一个男人的性快感常常与他的女性伴侣对他的权力的承认以及保护她的态度联系在一起。这让我们想起了之前关于女性幻想的讨论，关于浪漫小说中一个坚强的、有保护力的男人。在一个男性世界里，性竞争提供了一个追求权力的理由，这源于女性对权力的态度。男人的性地位主要取决于他吸引他的女人的程度。对于女性来说，权力无法给予她们与男性那么多的性福利，这解释了为什么男性更追求权力，而女性对权力的运用更好——女性并不把权力的体验与快乐、愉悦和性虐待联系在一起。

当领导者为女性的时候会发生什么情况呢？可以说，如今女性可以凭借自己的优势获得权力的事实，使得基于性关系上位的策略变得不那么有用——甚至对于那些依靠性关系的女性来说也是如此，这减少了权力给领导人带来的性吸引力。因此，职业女性的成功可能意味着男性领导者性潜力的丧失，并非因为他们的相互竞争，而是因为，他们部分地失去了其权力的吸引力，至少是对那些拥有权力的女性而言。

男孩会在女性的权威下生活很长时间——他们的母亲和女老师，这一事实让男性对女性权力的不适应的猜测变得复杂。通常情况下，他们生活的经验是在正式场合下对女性的服从不会使他们失去在男性世界中的地位，从而也不会失去性吸引力。一些男性在女性手下工作时表现出沉默，这可能反映出他们对处于较低职位的不满，并非与老板的性别有关。

权力的行使也会使一些女性在性方面更具吸引力，她们偶尔会炫耀自己的性感，并利用她们对资源的控制权来保护男性伴侣。女性之间性吸引力的机制与男性之间的不同。男性与其他男性争夺主导地位的竞争，是为了争夺女性伴侣，而女性在争夺主导地位时，对男性的吸引力没有起到明显的作用。任何关于强势女性对男性吸引力的推测，都应该留在酒后的笑谈中，但这或许也是占主导地位的男性发现的一个有趣的挑战。

领导力和性之间的关系带来了许多问题。它颠覆了基于价值的理性社会的标准，以及人与人之间的关系。它通过对职业和个人生活领域之间的不恰当的混淆，通过在工作中对家庭和谐的性关系的影响，通过骚扰和指责的危险、不平衡的关系以及不同性别的不同态度，使组织的运作变得复杂。此外，男性性行为的幼稚和青春期特性，与其他男性为了主导权斗争而陷入困境，使得他们在与其他男性争夺支配地位而陷入困境时的做法，让人联想到年轻的公鸡的行为，更倾向于摆出有利的姿态，而不是取得成果。对抗很容易升级为暴力或战争。像乱伦这样的禁忌，可以被看作预防性的自由威胁社会和家庭组织造成混乱的最后一道防线。

最后，我们应该注意到，关于性的问题并不是性行为本身的必然结果，而是由于对领导力和性行为二者的有限看法。举个例子，性行为超越异性恋，它还包括其他多种形式。一种更开放的视野认为，领导力与各种各样的动机和可能性联系在一起，把性视为一种根本的动力，与任何排他甚至特定的关系无关。我们最终必须接受，在性方面，就像许多其他事物一样，风险是人类生存的必然特征和自由的重要方面。

性并不是生活中唯一的东西，但是意识到生活中的性要素对生活是有利的。性是能量和美丽的主要来源。随着越来越多的女性占据了权力的位置，她们将会发展出各种各样与领导相关的关于性的细节和性满足，而不局限于男性所开发的那些。毫无疑问，认为以这种方式让世界变得丰富是有趣和令人兴奋的观点是天真和浪漫的，看起来很有可能很多人会渴望旧秩序的简洁。

注释：

1. 当马奇讨论领导力与性别和性的关系时，他指出，研究表明，在大学的课堂上，学生们通常更多地考虑与性有关的事情，而不是讲座的主题。他想让他们注意到，这一次的话题可能与他的听众的关注点相吻合。
2. 与性和性别相关联的问题是意识形态和情感问题的雷区，这使得研究变得困难，结果也难以解释。马奇承认，他对这些问题的担忧很大程度上受到了他是一个男人的影响，他天生如此，而且很乐意这样，尽管他认为男性的性别并没有什么特别的价值。他的基本信念是男人和女人都是人，他认为一个公正的社会使性别成为歧视的对象是不可思议的——尤其是涉及个人成长、承担父母的职能与职业成功的机会。他进一步认为，当前的男性经济和组织优势，以及女性的道德意识和意识形态霸权，是既不稳定也不可取的。然而，这也不妨碍他对某方面采取简单扼杀的方案的不看好。任何重大的进展都需要同时做到：用新的方法来组织家庭和职业环境，对权力和层级制度看法的根本变化以及我们对于性和性别的新看法。目前，所有这些问题都是紧密联系在一起的，但这些困难以及情感上的问题，都不能阻止我们对这些问题进行相互尊重和理性的讨论。

3. 本节不是根据马奇的课程记录书写的，资料来源如下：("Heroic leaders and prosaic organizations," lecture by James March in Mexico in 1988, which appeared in French in *Gérer et Comprendre*, June 2000), as well as being adapted from Weil's articles "Les mythes du management et les organisations floues," Colloque "James March ou l'itinéraire d'un esprit libre," Poitiers, October 17, 2001, *Revue française de gestion* 28 (139, July 2002) 187–94, and "À quoi sert le chef : la modélisation subversive chez James March", in Eric Godelier (ed.), *Penser l'organisation*, Paris: Hermes, 2003.

4. 换句话说，这些品质是目前与女性在权力职位上的管理风格相关联的，比如表5-1中列出的那些。

5. 在"愚蠢的技术"中，马奇已经发展出了一种"伪善"的观念，即伪善可以成为邪恶与美德之间必要的转变。一个声称自己是好人的无耻的阴谋者，也许正在探索一种对他来说新的态度，而他在其中能够找到的满足感会使潜在的转换变得更容易进行。参见"The technology of foolishness," *Civiløkonomen* (Copenhagen) 18 (4) (1971) 4–12, reproduced in *Decisions and Organizations* and partly included in "Model bias in social action," *Review of Educational Research* 42 (1973) 413–29, and reproduced in *The Pursuit of Organizational Intelligence*, Oxford: Blackwell Publishers, 1998).

6. 另一方面，正如爱嘉辛斯基在她的"性别政治"中所观察到的，"女性和男性之间的关系一直占据着重要的地位，而性交易本身是相当自由的。在某种程度上，我们把'爱'的原则应用于性的生活上：性问题，就像宗教问题一样，是完全私人的……公众是容易分离的，他们通过自己的才能和能力对公众人物进行判断，不区分领域，甚至从他们在私人生活中的选择，特别是性方面进行考虑……在这里，一个人的个人习惯会毁掉他的事业，这是不可想象的（就如同在其他国家的婚姻不忠或同性恋）"。

问题

5.1 一些最著名的关于性别的当代命题，是关于男女在处理权力的方式上的差异。通常的论点是，男人比女人更会根据权力来定义关系，谁是主宰，谁输谁赢。有人说，对男人来说，被认为拥有权力比使用权力更重要。据说，女性倾向于使用权力，但不声张。据说，"自信"的不同之处在于，男人更需要被公开承认自己是强大的，而不是明确自己有任何的能够影响事件进程的优势。

你自己的经历在多大程度上能反映这些命题的观点？《奥赛罗》《圣女贞德》与《战争与和平》中的角色呢？对领导力有什么可能的启发？

5.2 我们有理由假设，女性占据世界上高管人才很大一部分比例。然而，现代企业中，只有一小部分高管是女性。

（1）在什么情况下这种差异对公司来说是个问题？如果你是公司董事，你认为公司需要重点考虑这个问题吗？

（2）这种差异是如何发生的？如果你是董事会的顾问，你会对涉及的因素做出什么判断呢？

（3）如何做出改变？如果你是一家公司的首席执行官，并且承诺50%公司高管由女性担任，你会采取什么措施？你预料到会有什么问题？

如果我们考察公司高管中的（a）黑人比例——相对于世界的黑人比例，（b）没有大学学位的人的比例——相对于世界上没有大学学位的人比例，（c）穆斯林的比例——相对于世界的穆斯林比例，（d）矮个子的比例——相对于世界的矮个子比例，你的分析、建议或者感受是否会有所差异？请解释。

如果我们观察下列组织中女性占高管的比例：（a）军事组织；（b）志愿组织；（c）学校；（d）大学；（e）医院；或者（f）宗教组织，你的事实、分析、建议或感觉会有什么不同吗？请解释。

5.3 在现代关于男女领导人的讨论中，人们常常认为，性别本身并不重要。也就是说，作为一个男人或女人，被认为与一系列影响管理行为或成功的变量（如经济或社会地位、期望、生活经历）有关，而不是由性别因素直接决定。明显的性别差异被认为是由与性别相关的更基本因素产生的。例如，女性和男性在组织中被描绘成不同的职业，因为女性和男性在经济实力上存在差异，从而用经济权力影响行为进行解释。根据这种观点，一个女性碰巧拥有（或获得）某些通常与男人联系在一起的特定属性（例如，相对的经济独立）时，将会有一个看起来更像男性而非女性的职业。一个更复杂的观点认为，文化实践反映了过去的经验和当前的条件，因此，关于潜在因素的重大差异的历史可能已经成为拒绝当下改变的关于性别的文化信仰的一部分。

另一种观点认为性别本是更为根本的因素。这些观点有两种形式。在第一种形式中，人们认为，人在生理上存在着固有的性别差异，而这些差异在解释男性女性在领导能力上的差异时，实际上比经济地位等因素更重要。这种观点的一个常见延伸是强调激素差异对领导力的影响。第二种观点认为，性别分化是人类生存（或对这一体验从意识形态视角的解释）的基本特征，而人类的组织是建立在这种基础之上的。这种观点的一个常见延伸是强调性认同是性别竞争的基础，以及男权主义群体对平权运动的抵抗。

尽管在未来，研究或说教可能会解决性别在领导角色中所扮演的角色的不同之处（以及其他相关）的问题，但这一天似乎相对遥远。与此同时，组织在日常运转中面临着领导中的性别问题。对于那些相对不敏感的组织，是否有任何可能的指导策略来改善它们所信仰的东西背后的"真相"？

5.4　在一次采访中，埃丽卡·容说，亨利·米勒在欧洲和日本比他在美国更出名，更受人尊敬，因为美国社会对性是清教徒式的。她认为米勒明白精神和性是相互联系的，肉体和灵魂不是分立的（实际上访问者将其称为"谨慎"，也许是相同的，也许不同）。她说："要想成为性感的人，就必须有真正的生命力。"因此，埃丽卡·容认为，亨利·米勒对生活的态度给了他（以及其他生活在他身边的人）巨大的活力。

在现代组织中，有没有什么方法可以提高、使用或约束性的发展，而不会给组织和它所运作的社会体系带来无法解决的问题？特别地，模糊、调情、组织乱伦禁忌、性冲动和幻想的可能作用是什么？在可接受的鼓励或禁令中是否存在性别、年龄、民族或文化差异？它们的启示是什么？

5.5 在芭芭拉 A. 古特克对洛杉矶县 1257 名工作人员进行研究后，写成的《性和工作场所》中称，女性在工作中使用性的频率比男性少得多。因此，她指出，男人更多地谈论性，用它来表达各种各样的情感，特别是表现友谊以及对女人的权力，并向其他男人宣布他们是异性恋。

如何解释这些差异？这些差异值得关心吗？为什么？如果你想消除差异，你会增加女性的性表达能力，减少男性的，还是完全将它消除？为什么？对领导力和生活有什么启发？

5.6 目前，美国工作场所的性骚扰和其他国家相比有更大的问题。关于这些差异有很多解释，包括如下几个。

（1）男性对女性的性骚扰是男性和女性在权力方面的差异的直接结果。权力差异的问题无处不在。它们在美国更引人注目的原因是，美国女性已经获得了一定程度的政治和社会权力，这使得她们能够揭露骚扰，从而避免给自己带来灾难性的后果。其他国家面临的问题更大，但由于权力的分配，而没有暴露出来。

（2）美国的性骚扰问题是美国青少年对性和性行为的态度问题。美国的性文化是一种压制性的文化，性被认为是"肮脏的""可耻的"和"男性的"。性在生理上、情感上和道德上对女人来说被定义为危险的，而对男人来说是必需的。因此，与其他国家相比，男性被驱使比其他国家的男性更倾向于性侵犯，而女性则被驱使去担心和害怕这种侵犯性的行为。

（3）性骚扰是一个文化误解的问题。两性之间的所有关系都提高了性发生的可能性，而这些可能性是通过语言与语言之外的交流来探索的。当男人和女人语言不同时，性交流充满了误传和误解。由于美国工作场所文化的多样性，美国的误解比其他国家更大。

（4）美国和其他国家在性骚扰问题上的不同之处在于"时尚领袖"和"时尚追随者"之间的区别。社会问题的传播和他们的认可（例如，毒品、犯罪和性的问题）在世界范围内就像流行病的传播一样。在创造和识别此类社会问题方面，美国往往是领导者。假以时日，其他国家将会效仿。

你还有什么别的解释吗？能否判断这些解释中是否包含了真理的成分？这有什么启示？

第 6 章

想象力、承诺与快乐：
堂吉诃德[1]

第6章　想象力、承诺与快乐：堂吉诃德

堂吉诃德

对很多北欧和北美的读者来说，《堂吉诃德》是一本奇怪的现代小说。这本书描述的情景离我们所处的世界十分遥远。塞万提斯（1547—1616，与莎士比亚同一天逝世）是个冒险家，他曾是勒班陀战役中的一名战士（这场战役中威尼斯与基督教击退了土耳其人，并摧毁了他们的舰队），这次战役正是《奥赛罗》故事发生的背景。塞万提斯曾是北非的奴隶，他无数次尝试逃跑与赎身。后来他成为税收征管者，经济上并不富有，亦没有进入上流社会（或许是由于他的身份：改变信仰的犹太人），然而，他很快成为畅销书的作者。

他描绘了一种甚至在他的时代也是模糊与过时的、关于骑士的浪漫传统。他声称依据相互矛盾的资料来源与目击者的叙述为我们重构了这个故事，他作为故事的编辑者把我们从对故事的争议[2]或对某个章节的重要性与真实性的怀疑中解脱出来。《堂吉诃德》两卷的出版前后相隔11年，由于上卷大受欢迎，曾有其他作者试图为其续作。下卷中曾数次提到这种伪续作，并对其做了评论。

这部小说描绘了一系列诙谐幽默且色彩丰富的场景，以堂吉诃德的骑士形象为主导，辅以他所遇到的要么对他开玩笑、要么设法保全自己的各种角色的故事。这些插曲都被冗长的有争议的故事（包括牧羊女玛赛拉与公主的故事）和哲学讨论（包括堂吉诃德关于黄金时代以及他的武器和信件的独白，还有他与学者加拉斯果的文学对话）所打断。

堂吉诃德的角色，在传记中只有相当模糊的描绘（在拉曼查㊀的某处，一位我不记得名字……年近五旬的绅士……）。书中充满讽刺的话语（生锈的盔甲、纸板头盔、瘦弱的老马），就如同《战争与和平》中的娜塔莎一般，他十分自负，他的骑士荣耀和雅典之爱看似是强加给他人的，但事实上这些只是他为了证明骑士的勇敢这一优点。书中还描述了堂吉诃德的同伴桑丘·潘沙（一个好人（如果这个头衔是可以用来形容穷人的话），但头脑不足）：他骑驴，因为他不喜欢走路；他渴望成为总督，却担心皇冠戴在他驼背的老婆头上会不会突兀。书中对其他人物很少有细致的描述。

这个"奇怪"的小说是西方文明史上伟大的文学作品之一。这部小说激发我们思考关于领导（与生活）的三个重要问题。

（1）想象力有什么作用？
（2）是什么激励与证明伟大的承诺与行动？
（3）领导过程中如何获得喜悦与快乐？

想象力

马丁·路德·金说："朋友们，今天我想对你们说，不管是今天还是明天，我们虽然遭受种种困难和挫折，我仍然有一个梦想。"[3] 梦想、愿景以及其他伟大的想象，无论其老练程度、现实性以及一致性如何，都是一种让自己摆脱日常生活、身体、能力以及政治与

㊀ 西班牙中南部的高原地区。——译者注

经济背景的限制的手段。

想象是我们表达愿望与恐惧的一种模糊媒介,并与现实有着复杂的关系。它们可以被看作一种逃离现实的方式,一种逃离这个充满敌意、无法忍受的世界的精神鸦片,或是那些使堂吉诃德疯狂的"巫术"来进入他们欲望的世界,就如同安徒生童话故事中卖火柴的小女孩。幻想与愿景对人有很大的激励与刺激。

在梦想中,每个人都可以富有,可以年轻(如果他不愿衰老),可以成熟(如果他不愿做一个孩子),可以有令人无法抗拒的魅力,每个人都可以有一连串的成就并生活在一个完全公正的世界里。梦想可能在当下(我是不是比我想象的要好)或未来(这个世界会不会变得更好)模糊不清的情况下,使得发现新的可能性或通往全新现实的路径成为可能。做梦与清醒时相比,制定的目标可能不那么现实,但同样有好的效果,它促使我们去大胆地行动,并激励我们去尝试现实中不会去做的事情。

同时,梦想和想象力可以揭示事物的本来面目,就像在奥斯特里茨里或在橡树前的安德烈。梦想可为我们提供一个可能的新身份的愿景,或一个能引领我们用行动推动变革的世界。[4]

领导人有时会忽视现实面,而去寻求实现一些雄心勃勃、意义深远的梦想(圣女贞德、马丁·路德·金、穆罕默德·安瓦尔·萨达特、布罗尼斯瓦夫·盖莱梅克以及瓦茨拉夫·哈维尔(捷克总统))。他们的这种梦想不受其追随者的批评或证明他错误的证据之干扰,因为最有趣的想象在最初往往被认为不现实,也很难立即产生结果。领导者往往对没有达到结果进行重新解读来使梦想得以持续。革命者与改革者认为，这种失败的主要原因是将想法付诸实践时走得还不够远。堂吉诃德使用"恶意巫师"的行为来对他的失败做出解释，巧妙地避免了他的行动计划被更改。显然，这条道路是危险的，因为这限制了从经验中学习，但有远见的人往往能够通过忽视现实或重新诠释来使自己免受现实的束缚。

梦想往往体现在一个人身上，而坚守这个梦想则意味着选择信任这一旗手：例如苹果的史蒂夫·乔布斯、微软的比尔·盖茨等。我们如何才能保证愿景能在旗手离开之后持续存在？我们需要把愿景与旗手分开，有远见的人比其他人更早看到一些事情，但这属于他们的**视野**（如圣女贞德的案例）而非属于他们**个人**。然后，这种愿景可能会传递给其他皈依者（有时候，桑丘·潘沙本不接受堂吉诃德对事物的改写和理解，但堂吉诃德成功地说服了他）。

我们如何激励那些能改变人类历史进程的愿景出现呢？除非我们为了获得这样的愿景而为一小部分疯子、圣人与天才留下一个可以忽略合理世界所下达的指令的区域。我们必须更加包容，允许梦想在我们的组织中蓬勃发展（而不仅仅是那些领导人）。这将形成一种普遍的文化，善待梦想与愿景，并避免受到已被广为接受的现实与经验的压制。

不幸的是，对有远见的领导者的研究重点放在了领导者个人身上，而忽略了他如何营造并维持一种有利于最初的梦想产生的气氛。如果愿景可以至少和几个人分享，它很可能成为变革的动

第6章 想象力、承诺与快乐：堂吉诃德

力：圣女贞德需要警察与迪努瓦授意给她足够的兵权，而克里斯托弗·哥伦布则需要卡斯蒂尔的伊莎贝拉来支付他的船费。创新者总是需要与一些赞助商或投资者来分享自己的梦想。

愿景是一种类似于诗意活动的东西。诗人基于现实与想象力，用语言描绘出新的含义。有远见或有诗意的领导明白生活中混杂着不同层次的现实，领导者在行动时亦无法充分了解其原因，而是通过行为本身发现行为的意义。

堂吉诃德是有远见的。他创造了一个他的权力在其中并不合法的世界，并像圣女贞德一样，将其他人都带入到他/她所塑造的幻想中。这个幻想不是渴望理想的社会秩序，而是渴望美好和谐的生活。对主观塑造的美的需求可以从堂吉诃德对杜尔西内亚的爱中体现出来。他邀请其他人按照他的描述为她画像，不是因为他的描述客观准确，而是因为他（和他们）相信她就是如此。[5] 当托莱多的商人表示，如果堂吉诃德向他们展示画像，他们就会乐意承认杜尔西内亚的美时，他回答说："你们见到了她，才能承认这样一个明显的事实吗？……不管你们是否见过她，重要的是你们得相信、承认、肯定、发誓并坚持说她是最漂亮的。"（Ⅰ，4）（事实上杜尔西内亚的样貌连普通都算不上。）

同样地，堂吉诃德对怀疑杜尔西内亚是否存在的公爵夫人说："我迷恋她因为她一定是……"（Ⅱ，32）公爵夫人接着说："今后我会相信，并让这儿的每个人都相信，埃尔托博索有一个杜尔西内亚，她是真实存在的，是美丽而高贵的……"（Ⅱ，32）

堂吉诃德并不在意现实生活中的普通观念。他思索接受现实或创造一个新的现实哪个更好。为什么我们不应该相信杜尔西尼亚和更美丽的世界呢？[6] 因此，堂吉诃德的"疯狂"主要在于他生活在自己创造的而不是其他人经历的世界里，并且他并不关心自己行动的后果。

现实的逻辑在两个方面和领导者相关。一方面，现实是复杂的而我们的认知是有限的，因此我们无法确定一个特定的行动是否会实现我们所期望的目标。这种意识可能导致懈怠（如果结果是由机会所决定，那么我们做事情还有意义吗）或愤世嫉俗（如果我们不知道我们的行动会带来什么影响，那我们为什么要为了一个更好的世界而奋斗）。另一方面，现实是可以通过行动来创造的，而非既定的事实。正如一个领导者所言：杜尔西尼亚是由堂吉诃德想象力所创造的。现实在某种程度上是一种社会建构，在这种建构中解释起到了很大的作用。

承诺

英雄神话在人类的信仰中占据着重要的地位。对伟大英雄承天意而为的信心，满足了人类控制命运的欲望。我们对领导人在历史舞台中的角色寄予厚望，想象他们能使这个糟糕透顶的世界重归于好。

根据菲茨罗伊·拉格兰的说法，[7] 典型的神话英雄往往出生在皇室，并且通常情况下主人公的出生是富有传奇色彩的（他的母亲可能是处女，抑或是神创造的）。他的父亲（亲生父亲或养父）是个国王，通常与母亲有血缘关系。在他出生时，有人想置他于死地（通常是他的父亲或外公），但主人公逃过了劫难，被来自遥远国度的陌生人带走。我们对他的童年知之甚少，但当他成年后，来到他将统治的王国。在那里，他击败了国王、巨人、恶龙以及一些其他野兽，与公主（往往是他前任的女儿）结婚，并成为国王。他依法执政并带来和平，却终有一天失去了神明或臣子的支持，被赶出王国，在山顶或山丘上（视情况而定）神秘地死亡。他的子嗣没能接替他的王位。他没有被埋葬，却拥有一个甚至多个神殿。

这种传奇在不同文化中历经长时间的流传而带有一些地方特色。英雄经常被描绘为坚韧、孤独、坚强的追求卓越的勇士和有抱负的杀手。他被愿景所激励而行动，有着与众不同的命运。简言之，英雄是有些不合群、甚至反社会的角色。

我们对于英雄的渴求（不论积极或消极）使我们崇拜像迈克尔·米尔肯一样的金融大鳄，或亨利·福特、阿尔弗雷德·斯隆、史蒂夫·乔布斯、斯科特·麦克尼利和比尔·盖茨一样的商业帝国的创造者。我们为他们的功绩喝彩……尽管他们最终会淡出人们的视线。这些英雄与天才向我们证实，人类有影响和改变历史进程的能力。普鲁塔克（希腊历史家）、卡莱尔以及其他伟人传记的作者通过向我们提供反驳托尔斯泰关于人类行为不重要的观点的论据，来消除我们的顾虑。

英雄式领导者需要伟大的行动和伟大的承诺。这样的承诺通常由对重要的结果的预期来证明。这种结果的逻辑几乎可以作为所有关于动机、激励和决策制定的讨论的基础。人们的假设是，能使世界产生巨大变化的伟大行动，是由对其有效性的信念所支撑的。

人们确信，伟大的行动往往源于一种认为个体有能力推动事物发展的感觉。这对于创新甚至革命而言是正确的，因为创新和革命并不是无病呻吟，而是源于怀有变革理念的人日益增长的权力（资产阶级反对贵族，学生反对行政等级等）。那些认为自己有能力且被认可的人更容易融入所在的组织，参与更多的政治生活，并尝试更多的创新。

一个品尝过成功滋味的领导者愿意承担更多的风险，做出更大胆的决定。事实上，人们对他取得成功的渴望会让其在进行高风险实验时更加从容，并鼓励人们接受对结果的有利解释。组织给予老板的认可以及个人荣誉，尽管这些都无法称之为真正的理由，但最终会进一步刺激领导做出大胆的决定。尽管意识到成功地实现自己的愿望可能会抑制有意识的冒险，但这也会导致低估目前所承担的风险，从而承担比自己所认知的更大的风险。这种成功的文化激发了一种对能力过度信任的文化，从而导致了冒险的倾向。

在结果逻辑中，行动的动机是希望得到有利的结果，对这些潜在结果的信念必须得到有效的维护（"你可以有所作为"），即使这意味着忽视经验与智力。这是通过教化（老板的培训）来实现的，这种教化基于那些管理的英雄故事，对获得成功的人的晋升（即使这一成果与他们个人的相关度不确定）、那些夸大人类对于历史的控制的解读以及足够的员工流动,来防止聪明的老员工对新来者信仰的"污染"。然而,也有不依靠结果逻辑而采取伟大行动的可能。个体可以被其对上帝的信仰(例如圣女贞德)或历史的力量(例如库图佐夫),或者是非理性的原因(苔丝狄蒙娜的爱、奥赛罗的复仇、娜塔莎的自恋)所驱使。

堂吉诃德提供了另一种行动基础——适当性逻辑,即他的自我意识和他的身份以及与之相关的义务。堂吉诃德创造了一个世界,在这个世界里,他可以过上他认为适合的生活。他从与理想的对应关系中汲取营养,而不用担心其后果。他用一种身份的逻辑取代了现实的逻辑:"我是一个骑士,如果上帝允许的话,我做一个骑士至死无悔。"(Ⅱ,32)

桑丘指出,狭义浪漫主义的骑士的行动有着令人信服的理由:"我觉得这类骑士都是受了刺激,另有原因才去办傻事、苦修行的。可您为什么要变疯呢?哪位夫人鄙夷您了?您又发现了什么迹象,让您觉得托博索的杜尔西内亚夫人同摩尔人或基督教徒做了什么对不起您的事?"(Ⅰ.25)

堂吉诃德回答:"一个游侠骑士确有缘故地变疯就没意思了,关键就在于要无缘无故地发疯。"(Ⅰ,25)"没有任何理由"是指没有任何逻辑上必然的理由,而他的行动当然是有理可循的。堂吉诃德的目标是过一种合理的生活——实现他对自己所做的定义。它所遵循的是身份的逻辑,其关键在于根据自己的观念来行事。行动不再由它的后果以及人们期望从中得到什么所决定,我们发现已经与基尔凯加德的观点重叠：一个可以证明是正当的宗教（就其结果而言）已经不再是一种宗教，也不是我们之前关于信任、爱和友谊的讨论：如果他们有理性的理由，那他们只不过是经济学而已。人类不是用理性来实现自己的目标，而是用自己的意志来挑战理性。[8]

堂吉诃德认为自己是一个对错误的修正者，他坚信自己的职责是判断正义的所在，并采取适当的行动。他为自己那些支持囚犯的行为做辩护，例如，认为他们受到违背自己意愿的惩罚是不公正的（正义是依照有罪的一方认可他所受的惩罚）。他认为，他们可能由于缺乏资金和朋友，或者因为腐败的法官而被宣布有罪，并且，只要他们当中有一个无辜的人，那么所有人都有充分的理由免受惩罚。如果他们中的一些人逃避应得的惩罚，那么其他人就会受到惩罚，这是不公平的。更重要的是，正义必须由那些遭受苦难的人来执行，而不是由那些与囚犯没有任何交集的野蛮的警卫来执行。

这本身并没有错，但堂吉诃德的行为所带来的后果不论对他还是他试图帮助的人来说都收效甚微。他经常使别人的处境恶化，并出现得不合时宜。如图皮埃尔·贝祖霍夫和他的奴隶，他那头脑发麻的善行常常播下灾难的种子。对堂吉诃德来说，美德的判断主要取决于意图，结果是次要的。这是在其他有关于道德的讨论中亦会涉及的一个重点。[9]

堂吉诃德的自我意识得到了亨利·米勒的回应：

我首先要说的是，我一生中的大部分时间并没有花在做我想做的事情上。这是因为我还是一个有良心的人——我很抱歉。我是一个关心自己的责任与义务的人,这些是我一生都在与之斗争的东西。我想说:"这讨厌的一切,这讨厌的一切,请滚出我的生活。"这就是我的感觉……我的意思是,我想成为和现在相反的人,但是,坦率地说,我对我这样的方式非常满意,不想改变。这是一个可怕的矛盾。我毫不羞耻地承认了这一点……我们所有的人都知道我们必须在生活中扮演一个角色。如果你尽自己最大的努力发挥自己的作用,你就会得到满足。一个人进入了我们今天的生活,他有意识地、刻意地做着他正在做的事情……当你完全接受某件事时,你就不再受它的伤害。但这些都是罕见的人……[10]

堂吉诃德告诉我们,生命的意义既不是事先赋予我们的,也不是后天发现的,而是通过基于意志的行为来确定的。他对自己的承诺赞不绝口,宁愿选择不明智的行为,也不愿放弃。当他愚蠢但勇敢地面对狮子,他解释说:

向狮子发动进攻完全是我该做的事,虽然我也知道这显得过分鲁莽了。我知道何谓勇敢,它是介于怯懦和鲁莽两种极端之间的一种美德,不过,宁可勇敢过头,近于鲁莽,也不要害怕到成为胆小鬼的地步。(Ⅱ,17)

尽管堂吉诃德致力于武断的个人行动,但他并没有为自己定义个人的道路的权利而辩护。他并不是为一个自我中心的"自我"而发声,而是为试图辨别与执行一个由社会/历史过程所定义的"自我"而奋斗。他所坚持的愿景不需要证明、批评或表扬，这是一个骑士的使命。[11] 他告诉我们，一种基于希望得到有利结果的行动，是缺乏魅力的。他爱他的夫人，因为只钦慕于一位女士是一名骑士的使命。他认为对于真正完美的女士，是没有什么必要宣扬的。

他的世界是由他选择的自我身份的追求而组成的：

桑丘：大人您看看，请恕罪，我不是唐罗德里戈·德纳瓦埃斯，也不是曼图亚侯爵。我是您的邻居佩德罗·阿隆索。您既不是巴尔多维诺斯，也不是阿温达赖斯，而是光荣的贵族吉哈纳大人。

"我知道我是谁。"堂吉诃德回答说，这几个字，表达了他对于承诺正当性的基本观点。

快乐

挪威的传说中讲述了10世纪伟大的挪威战士奥拉维·特克维森（Olav Trygvason）的故事。他死于战争，只活了30年，但他在整个北欧、爱尔兰、英格兰、苏格兰和斯堪的纳维亚地区作战。在此过程中，他对挪威向基督教的转变做出了重大贡献。但是，如果仅仅意识到奥拉维·特克维森的宗教热情与政治原因，而没有关注到战争给他带来的简单的快乐，就很难读懂他的故事。"奥拉维王子是杰出的人，他非常有趣，彬彬有礼，宽宏大量。他的敌人备受折磨，有些人被火烧了，有些人则被野犬撕裂，还有一些人从高山上坠落下来，或从高处摔下来。一个如同奥拉维一样的领袖的诞生，将迎来人间天堂的出现。"

领导可以为我们提供许多乐趣。

- 在职位竞争中通过晋升和成功，从而成为一名领导的乐趣。
- 与角色相关的乐趣（主持会议、批准各种事务、发出指令、做决定、接待访问者、给别人好处、管理危机），处于行动中心的乐趣（比其他人更了解是怎么回事，看到卡片的另一面，经历着会议或谈判的戏剧色彩），激动人心的生活带来的乐趣以及由人们对领导者的时间和注意力的重视带来的自信的乐趣。
- 被认可为领导者，从而拥有尊贵的地位、华丽的名片、名声、与众不同（变得智慧、明智、聪明、性感）和优待（金钱、津贴、头等舱机票）所带来的快乐。

因此，如果我们多关注领导者从他们的行为中获得的乐趣，而不是他们所取得的成果，我们可能更容易理解领导者的某些行为。

我们对行动的乐趣的重要性的看法是矛盾的，不仅批判那些忘记长期目标和不关心明天的生活的人，也批评那些只考虑长远目标而牺牲当下乐趣的人。在美国文化中，对消费的炫耀（与创造和沉思的乐趣相反）和清教徒的传统之间存在着冲突，这种传统认为快乐是罪恶的，只容忍严肃的、有计划的、有组织的和优化的行动。

因此，领导力有时被描绘成一种娱乐活动、一种布道、一种对个人认可的追求、一种对不可抗拒的责任的庄严承担、一种提升自尊的机会以及一种自我迷恋的工作狂。

《堂吉诃德》同时为对自我意识与实现快乐的承诺而喝彩。这本书是一本漫画杰作。悲剧证实了人生的意义以及人类战胜逆境的努力总被强大的力量挫败；而喜剧更喜欢嘲笑人类的愚蠢和怪癖。

这种嘲笑是对人类各种荒谬的状况的回应，但预先并没有设定任何敌意。尽管我们嘲笑堂吉诃德的不幸和他的自命不凡，但这并不妨碍我们对他的喜爱与感激，正如同书中的其他几个人物对堂吉诃德的所作所感。

当单身汉参孙·卡拉斯（白月骑士）告诉唐·安东尼奥·莫雷诺，他先在战斗中输给堂吉诃德但最终打败他是为了让他同意回家并接受治疗。安东尼奥说："哎呀，先生，如果你把这位妙趣横生的疯子治好，就是全世界人的一大损失；愿上帝宽恕你吧！也许你不明白，先生，心智清明的堂吉诃德可没有多大用处，而真正让人感到妙不可言的就是他的似傻如狂。"（II，65）

我们嘲笑堂吉诃德，因为我们觉得他很有趣，而并非鄙视他。他警示我们去认识自身的渺小与荒谬。如今，我们不赞成对疯癫者的嘲讽，只能接受对强权者的嘲笑。即使我们嘲笑堂吉诃德，但其实我们是欣赏他的，因为他代表了一种令人向往的快乐。他通过选择一个角色并做到极限，把自己的生活变成了一种艺术。

将自身完全投入到一个角色中，会产生三种审美享受。第一，在当前环境中对于快乐的直观体验——对权力的陶醉、对坠入爱河的欣喜以及感到活力的世俗享受。第二，体验这种角色具有讽刺意味的一面，人们的自命不凡是那么可笑。第三，接受、肯定并欣赏我们的角色。在意识到我们所处位置的局限与残酷的同时，去发现它的美丽，并承担我们的责任，去生活、去爱。

塞万提斯的作品对笑声进行了美化，并非因为喜剧必须要服务于一个严肃的目的，例如给人们教上一课，而是因为笑是十分重要的。它让我们能够超越自身的悲惨处境，通过认识到生命本身的乐趣，来更好地理解人类的境况。塞万提斯告诉我们，堂吉诃德的朋友们取笑他并不是一件错事，相反，他们是在向着快乐的生活奋斗；他告诉我们，生活是一场闹剧，小丑亦是英雄。

亨利·米勒写道：

快乐就像一条河流，它川流不息。在我们看来，这是小丑向我们传达的信号，我们不停地移动来参与其中，不去停下来反思、比较、分析、占有，而是像中了魔法般一样不停地流动。这是让步带来的礼物，而小丑使它有所象征。我们要让它成为现实……在人类历史的长河中，再没有比这更痛苦与苦闷的时候了。然而，在各处，我们会遇到一些人，他们不受影响，未被玷污，也并不悲伤。他们不是无情的人，恰恰相反！他们是解放人类的人。对他们来说，世界并不是我们看到的样子，而是透过他们自己的视角。我们说，对这个世界，他们已经死了。他们完全活在当下，从他们身上散发出来的光辉，是永恒的快乐之歌[12]。

堂吉诃德教会我们什么

堂吉诃德崇尚想象力、承诺与快乐。他让我们了解现实是多么得模糊不清，以及如何被无数种方式所解读。因此，他使我们意识到一个领导人生活中的荒谬，我们必须对这个角色以及这个角色的扮演者表示同情。但他同时向我们展示了装腔作势与自负这一领导者的本色……领导力可以被认为是一种武断、快乐和不合理的承诺。我们必须认可由此带来的无缘无故的快乐，他们在工作岗位上的热情与优雅也成为领导者的独特特征。在这种情况下，他们不仅有机会通过创造一个尊重个体和人类的现实世界而为一个美丽的世界做出贡献，同时有机会通过行动更好地认识自己。

堂吉诃德的局限源于他失去了与现实的接触。他只关心自己，不关心别人的真实需求。他倾向于只关注行动的意图，忽视其后果，这是一种潜在的危险。他不断将自己的意志强加于现实，使他脱离任何社会或实际的控制，这使他对自己所在的环境构成了威胁。他依赖于其他人的仁慈，尽管他明显缺乏自我主义，但他却活得像个寄生虫。因此，他不知道如何使自己成为一个值得被追随的榜样。世界需要常识，但我们不能因此认为堂吉诃德不应该存在。相反，我们必须确保我们保护这个世间少有的堂吉诃德，从而让我们的生活更有价值。

从这个角度来看，当有人被问及为什么渴望获得权力时，得到的回答应该是因为对骑士荣誉的价值、领袖角色带来的快乐以及杜尔西内亚的纯洁美丽的信念。最重要的是，他应该每天都试着像堂吉诃德一样说：我知道我是谁。

注释：

1. 见由詹姆斯·马奇导演的电影，由 Steven Schecter 执导，*Passion and Discipline: Don Quixote's Lessons for Leadership* 人文和科学的电影（www.films.com）。
2. 例如，当堂吉诃德到达迭戈·德·拉·米兰达的家，塞万提斯写道："这里作者详细描述了迭戈·德的豪宅，列出了一个富有的绅士家的全部内容，但是这个故事的翻译倾向于略过这些细节，因为它不属于这个故事的主要写作目的。"
3. Martin Luther King, Jr, "I have a dream," Washington, DC, August 28, 1963.
4. Claude Riveline 坚持认为，这两种改变生活的现象是梦想和悲伤。然而，与梦想不同的是，悲伤往往会导致个人对现实世界的追求。因此，在个人成长的过程中，悲伤是一个必要的阶段，而在改变世界的过程中，梦想会更加强大。
5. 注意，这一修辞与 21 年之后笛卡尔（可能从圣安瑟姆借用）中使用的方法类似，以证明上帝的存在。
6. 堂吉诃德的做法与那些被尼采批评的"后世界"的创造者的做法有何不同？与普罗米修斯建立一个更好和更可接受的世界的梦想有何不同。
7. Fitzroy R. S. Raglan, *The Hero: A Study in Tradition, Myth, and Drama*. Westport, CT: Greenwood Press.
8. 像安然和世通这样的丑闻已经表明，当会计师把他们的商业机会（直接效率、功利主义和机会主义逻辑）放于他们职业的标准做法（符合社会角色，身份的逻辑）之前的时候，会发生什么。
9. 如果我们被欺骗和背叛

    许诺好的却被给予坏的

    但他一无所知

    接纳坏的却当作好的

    那么死了岂不是更好

    （路易斯·阿拉贡，*I Protest*）
10. Henry Miller, *My Life and Times*. Playboy Press, 1971.

11. 同样地，安提戈恩不以不可剥夺的自由或个人良知的名义来反对不公正的压迫，抵制克隆的法律，而是以她对家人的死者的义务为由，以神圣价值的名义来做。正如安提戈恩所说，她没有背叛索福克勒斯，她是一个保守主义者，将宗教的专断与更现代的国家理性的专断对立起来。
12. Henry Miller, *The Smile at the Foot of the Ladder*. Duell, Sloan, and Pearce, 1948.

问题

6.1　想象力

想象力从怯懦中缓缓出现，

释放古老的气味吸引着我们

品尝一些温暖的味道

来自我们心中的牡蛎

但是从烹饪的过程中我们获得了什么

当我们精心准备的晚餐完成

我们回到更平坦的地方

我们在哪里过夜

为什么我们要让这些饥饿的人自由，

谨慎的梦想被侵犯

你和我一直保持不动

在正直中作茧自缚

我们还不够老

面对诱惑时

也足够年轻

和他们一起远行

(詹姆斯·马奇,*Minor Memos*(1990))

在梦想和幻想中,谨慎的角色是什么?为什么诗的结构被隐藏了?与领导力有什么相关性?与生活有什么相关性?

6.2　一个受骗者的自白

我的大多数敌人

还有我所有的朋友

都是足够聪明的

早餐前

愚弄我有七种方式

他们的所作所为

尽管不总是

有意为之

他们撒谎;他们奉承

他们作弊

他们对我们在一起做的小事

有美好的回忆

我想我也会有这样的回忆

对美德的期望

是一个傻瓜的幻想

我相信你

不是因为你可以被信任

而是因为你应该被信任

(詹姆斯·马奇,Academic Notes(1974))

这种对领导力的看法有什么意义呢?前景如何?有什么问题吗?

6.3 现代视野中的《堂吉诃德》不是在小说中,而是在电影里,而当代塞万提斯就是伍迪·艾伦。对于我们的自命不凡与世界的荒唐,他对现代男子主义和现代都市生活神话的热爱以及不懈的嘲讽,是对我们的自负和二者的荒谬的经典歌颂。通过让我们认识当代荣誉准则的不合理,并以情感和承诺来接受它们,他为现代领袖的生活提供了一个优雅的隐喻。

讨论三件事:

1. 这是否是对伍迪·艾伦的电影的合理描述。

2. 如果是这样的话,堂吉诃德和艾伦之间是否有明显的相似之处。

3. 这些电影的信息对现代的领导者是否有价值。

6.4 塞万提斯经常停下他关于堂吉诃德冒险旅程的叙述,来书写一些与书中其他部分几乎没有关系的故事。其中一个是关于玛塞拉和格里斯托摩的故事(Ⅰ,12-14)。故事描述了美丽的牧羊女玛塞拉,"当她14岁或15岁的时候,谁看到她都会感谢上帝让她生得如此美丽,大多数人都无可救药地爱上了她"。

在玛塞拉的众多倾慕者中,格里斯托摩被描述为:"无与伦比的聪慧,超凡绝伦的风度,无可媲美的温柔,堪称典范的交友之道，永无止境的慷慨，严肃而不傲慢，快乐而不粗俗，简而言之，集一切美好的事物于一身……"

玛塞拉拒绝了格里斯托摩，结果他心碎致死。格里斯托摩的朋友（格里斯托摩在他的诗中也这样写道）指控玛塞拉是害他死亡的共犯，声称她必须为她的美貌所带来的影响承担责任。玛塞拉现身并为自己辩护。堂吉诃德支持玛赛拉。

对玛塞拉起诉的依据是什么？玛塞拉的回应是什么？我们大多数人可能也会选择站在玛塞拉和堂吉诃德这边，在格里斯托摩的论点中，有什么值得肯定的吗？它对美或其他美德（例如智慧、青春、财富、地位、权力）有什么一般意义？对领导者有什么启示？

6.5 在堂吉诃德第二部分的第31章，介绍道：有一位庄重的教士，这种教士是专为贵族管家的。这种教士并非出身于贵族，所以并不知道该如何教育贵族，而是以小人之心去度君子之腹。所以，他们只希望他们管理的贵族家庭心胸狭隘，成为可怜人。

晚餐时，教士首先反对了公爵对于堂吉诃德的肯定，让他回家，停止这一切废话。堂吉诃德回答道（在第32章）："我就是骑士，如果上帝愿意，我这个骑士可以去死……"过了一会儿，教士说他不能忍受这样的愚蠢，愤怒离席。

堂吉诃德对这次攻击感到相当得愤愤不平，但是（从公爵那得到启示）他并没有纠缠教士来满足他的要求。他向桑丘、公爵和公爵夫人解释为什么他不这样做。在这一解释的过程中，堂吉诃德区分了"冒犯"和"凌辱"，认为后者要求他做出身体上的反应，但前者没有。

在堂吉诃德的构想中,"冒犯"和"凌辱"之间的区别是什么?为什么这对他很重要?对理解当代的组织领导有什么启示?

6.6　当堂吉诃德遇到托莱多的商人时,他坚持要他们承认杜尔西内亚的美丽。当他们抗议说他们从未见过这位女士时,他说如果他们见过她,就会承认这一明显的事实。他说,你必须在"没有见过她"的情形下承认她的美丽。

当桑丘向他提出要为他的疯狂行为提供相应的理由时,堂吉诃德说,提供这样的理由"既不值得赞扬也不值得感谢",一个人应当在没有任何正当理由的情况下愚蠢地行动。

堂吉诃德的观点是什么?它对现代生活和领导力的启示是什么?

On Leadership

第 7 章

管道与诗歌

第 7 章　管道与诗歌

本书是从对领导力的怀疑开始的。我们并不清楚领导需要哪些非凡的才能，不清楚组织的成败能反映出领导者能力的哪些差异，也不能确定历史是领导者行动的产物。然而，只有社会正常的运行以及领导者自身以及他们的下属能安心生活的时候，领导力以及社会大众与领导力的关系才是重要的。

因此，如何提升领导力是一个重大挑战。与此同时，反思个人幸福与领导之间的关系同样重要，基于此，领导者才得以实现他们的权力野心、承担领导应尽的义务，并对领导者产生依赖。如此一来，不管是选择领导作为职业生涯或与领导者共事，对社会进步和个人成长都是有益的。

本书认为一个领导者需要面对的根本问题和生活中的根本问题十分相似：我们如何使我们的生活符合规矩同时充满美感？我们如何协调丰富的私人生活与公共职责？我们如何激发创造力与想象力而又不用为愚蠢的想法付出代价？我们如何在多样性与统一性带来的好处与缺点之间找到平衡？我们如何在模糊性与连贯性中达到均衡？基于权力与从属关系的秩序的成本是什么，有什么备选方案？那些和性与性别相关的要素如何影响我们的行为？如何使自己保持上进心？我们如何调和想象、梦想、愿景以及我们所感知到的现实的矛盾？生活中的乐趣如何影响我们行为的结果、我们的生活方式以及我们赋予生活的意义？

显然，以上这些问题并不是领导力的全部。本书引入了几个主题来探讨这些问题，但不是为了找到这些问题的答案。我们每个人都会围绕这些主题建立我们对领导的看法。

领导力有两个基本的维度:"管道",即有效地利用已知技术的能力;"诗歌",引领了领导者伟大的行为,激励他们探索新的途径,发现有价值的意义以及满怀激情地生活。

领导力中的"管道"涉及监管组织日常工作的效率[1],如:确保每天的卫生间可以正常使用,确保有人接听来电。这需要的不仅是组织高层的能力,更是组织的每个部分都需要具备的能力,一种掌握全局的能力(假设有能力的个体对组织内外的每个细节都非常熟悉);一种基于授权与追随而创新的能力;一种组织所有成员都感觉得到大家在一条船上并相互信任的共同体氛围以及一种隐蔽的组织协调的途径,每个人都能充分地理解自己的角色,并把这种角色整合到组织的整体运行中,且能持续地调整它[2]。

虽然这些方面对于组织的正常运行必不可少,但由于太过普通、过于依赖具体背景及技术,而很少被关于领导力的论述提及。为了让世界能受益于稀缺的堂吉诃德与圣女贞德式领导,我们需要大批像桑丘与杜诺瓦那样的人。

与此同时,领导者也需要诗歌的熏陶,来获取行动的意义,使生活更具有吸引力。对现实生动解释的形成和扩散是建构性集体行动的基础。正因为如此,领导被赋予权力与话语权。如果权力被用作鼓励他人奉承的手段,而非赢得个人影响力的工具,其魅力当然值得赞赏,但随之而来的还有权力赋予行动意义功能的消失。话语可以通过它迷人的力量帮助我们锤炼愿景与诗意的语言,话语也能帮助我们表达未知的东西，教给我们有待理解的东西。

领导必须明白如何欣赏生活，同时认清现实，不会因意识到做出徒劳的努力而陷入痛苦、愤世嫉俗。他必须了解如何品味简单的快乐所产生的魅力，并欣赏人类意志力所带来的荣耀。

人类的意志力使我们不需要理由就毫无保留地、无条件地付诸行动（就像苔丝狄蒙娜，即使奥赛罗摧毁了她的生活，她对他的爱始终不变），去爱不值得爱的人，信任不值得信任的人，相信不可思议的事情，让我们能够说出："我知道我是谁。"

本书所参照的课程通常以对 Etienne Pivert de Senancour（法国散文学家与哲学家）的引用作为结尾：L'hommeestpérissable. Il se peut; maispérissonsenrésistant, et, si le néant nous estreservé, ne faisons pasque cesoitune justice.（人终会毁灭，但让我们奋起反抗；如果等待着我们的是无所事事，那么让我们换种方式生活，这才是命运唯一的抉择）[3]。

注释：

1. 所有这些问题在附录 2 中都有详细的讨论。
2. 项目管理研究认为可以"及时调整"。
3. Etienne Pivert de Senancour, *Obermann*, 1804, letter XC.

问题

这些想法归功于 Jorge Luis Borges：

如果我能重获新生……

下一次

我会尝试犯更多的错误

我不会试图做得如此完美

我会放松很多

我会比以前更加愚蠢

事实上

我会很少严肃地考虑事情

我将不那么注重卫生

尝试更多冒险

进行更多旅行

我将在傍晚沉思更多

我将爬更多的山

我将蹚更多的河

我将去更多没去过的地方，

我将吃更多的冰激凌而非豆类……

如果我能重获新生

我会试着去拥有美好的片刻

就像他们所说

生命就是由片刻构成的……

如果我能重获新生

我会在春天的伊始

开始赤脚走路

直到秋天结束

我会乘坐更多的交通工具

在更多破晓时分沉思

并和更多孩子们玩耍

如果我能重获新生

为什么多是老人会产生这种情感呢?对领导力有什么启示?

On Leadership

附录 1

智力与理性：
詹姆斯·马奇的工作概述

蒂里·韦尔

理性的灾难

有限理性或是对纯粹理性的批判

（从理性决策到恰当性惯例）

启蒙运动将人们从蒙昧主义的神话中解脱出来，使理性成为行为的向导。现如今，我们清楚地知道如何用我们（被看作优秀的、无偏见的）的推理能力为欲望服务，这是一种可识别的、一致的、社会可接受的共识。在任何情况下，当我们决定采取某种行动而不是其他行动时，**我们要衡量每一个可能的决定产生的后果，并选择那个能给予我们最大满足感的决定。**

公司总裁是那个决策能影响整个组织的普通理性人；公民也是理性的代理人，当他们选择最适合他们的投票方案时，总是试图确保社会契约更有利于他们的利益，或寻求新的谈判。然而，即使在社会和制度因素很少发挥作用的情况下，我们在个人甚至更多的组织中所观察到的行为，与期望中的理性决策的经典理论相去甚远。

这种"非理性"行为的主要原因之一，是理性的实践所需要的巨大的认知能力，超出了个人能够达到的范围。决策前谁能对所有的可能性做出全面的把握？谁又能计算出这些可能性将会带来的所有结果（在我们知道所有选项的情况下，或者在仅仅已知结果预期的概率分布的情况下）？我们如何才能根据自己的喜好去比较世界上所有可能的决定性因素呢？当有些选择在当下能带来好处，但后来又被证明是有害的，我们又如何在短期和长期利益之间做出抉择？我们在将来会有同样的偏好吗？我们能预测这些偏好会如何演化吗？

显然，即使一个人坚持微观经济理论基础的理性和结果主义，他或她充其量也只能做到**有限的理性**。我们无法完全掌握所有的可能性，所以会面临一系列的决策机会。我们对每一个决策的结果有自己的预期。如果设想的第一个事件得到了令人满意的结果，那么总体上也不会差，我们也就坚持这样的决策。如果无法得到满意的结果，那么我们将寻找一个能够满足我们的替代方案。如果通过努力，我们仍无法满意，或者我们无法控制的因素导致结果低于我们的预期，我们可能会重新考虑我们的目标，或重新定义我们所认为的成功。

通常情况下，我们会用尽量短的时间来列出关于可能性的详细清单，但会选择使用过去在类似情况下成功使用过的程序。我们倾向于找出所面临问题的本质，并在我们曾经尝试和测试过的"工具箱"中找到一个合适的方法。当所遇到的问题超出我们过去的经验时，我们也可以考虑借鉴专业团体的做法，来寻找一个合适的解决方案，问自己在这样的情况下，一个律师/学生/教师/会计师会如何采取行动。通过这种方式，我们摒弃了基于计算最优选择的**结果主义理性**，而会选择**恰当性的逻辑**：运用那些看起来适用于当下情境的惯例。

组织也面临着同样的问题，尽管这些问题非常复杂，因为决策不是由一个拥有所有可得信息的个体做出的，而且个体间的偏好也不一致。有些决策是由特定的部门根据他们自己特定的逻辑做出的，这些逻辑取决于决策者所拥有的信息、环境或者是这个部门通常联络的人。例如，销售部门比其他部门对顾客的需求更敏感，财务部门更加关注银行职员和利益相关者的需求，生产部门则更关注工人，采购部门更专注供应商。公司更像一个**政治联盟**，而不是一个以单一意志为指导的官僚组织。

组织甚至比个体更倾向于依靠（有时是隐含的）**程序**来决定某个特定的问题需要哪个特定的部门、过程或方法。它通过忽略那些按顺序或单独做出的不同决策之间的联系来降低决策的复杂性：生产部门会基于从市场中获得的经验和信号，通过限制产品的功能或质量来降低成本，尽管销售部是价格的制定者。这种缺乏协调的情况在次优的结果可以接受的情况下更常见。然而，一旦这种放松的空间不在，必须要重新考虑这些决定。

在理性选择模型的预测与组织行为的现实之间的差距，隐含着令人惊奇的东西。正如索伦·克里斯坦森简洁地指出："决策本身是一种理论，这种理论假定决策过程的行为、决策的公告与决策执行的行动之间存在着密切的联系。"[1]

恰当程序的应用还是实践理性的批判？

（为什么过程和结果同样重要：从第一级的惯例选择及应用到演化和学习的过程）

我们刚才描述的恰当程序的应用可以被看作结果主义理性的一个非常具体的例子。当理性选择的方法需要花费时间、精力或金钱来收集和处理信息时，采用一种更为经济的方法同时得到可以接受的结果是**合理的**。**反过来**，当没有其他的惯例或行为能够成功地处理这种情况时，求助于经典决策理论就被看作**恰当程序的应用**。因此，每个决策模式都可以被描述为另一种模式的特例。尽管如此，使用这两种方法所涉及的具体**行为**仍然是完全不同的，以便于在经验层面可以长久地将它们区分开来。观察显示，在实际行为中两者都有所体现。恰当程序的应用对于实际的组织行为显然是很重要的。

然而，有些人认为决策者的精确行为（对结果的评估或是否遵守规则）并不是关于相关性的问题，因为真正重要的是做出有效的决策。经济学家和其他功能主义者认为，那些最接近于（通过结构最优）通过理性决策所得到的结果能获取巨大的竞争优势。这种进化论的观点使他们认为，即使实际的决策机制不同，**那些最适合生存的人所做出的选择，与理性决策过程所产生的结果是一样的**。这种差异对他们并不重要，因为他们的理论只关注**结果**，而非产生结果的**过程**。尽管如此，他们的论点依赖于一个并未被证实的假设（即幸存者将以某种方式做出与理性决策者相同的决定），即历史是有效的，也就是说，历史会快速地选择那些最大程度上适应了他们所处环境的个人和组织。但有充分的证据表明这种假设往往是错误的。事实上，我们的环境是非常灵活的，允许拥有不同的形式和行为的个人和组织长期共存。相同的绩效水平可以通过无数种方式实现。一时的准平衡状态很大程度上取决于过去的历史和具体情况。

而且，长期来看，即使历史足够高效从而使这种平衡得以实现，这种**实现平衡的过程也是很重要的**，因为对这些过程的更深入的理解使我们能够发现**引导进化**的机会，并推动有利的**变化**。例如，在几种可能的平衡中，我们可以鼓励那些能回应除了经济效率以外的标准，例如美或正义。

此外，竞争绩效的提高并不仅仅是通过淘汰竞争力最差的成员实现的。如果个体或组织能知道如何从成功和失败中吸取教训，或者如果他们知道如何模仿那些成功者的行为，个人和组织将有能力适应和改善他们的行为。组织生态的进化不仅依赖于随机的、往往不利的突变，还取决于每个个体和组织从经验中学习的能力，这与理解他们的环境和做决定的过程有关。

个体和组织都**在短期内通过识别那些看起来适当的程序**来回应环境引发的问题，而仅在特殊情况下才会运用决策理论的技术。**从长远来看**，特别是当没有一个令人满意的可用程序时，**他们会通过学习**，构建并评估新的程序或调整他们已经使用的程序来适应环境。

挫折学习还是辩证理性的批判

组织中的经验学习是基于这样一个闭环开展的：个人首先观察和解释环境，然后创建一个世界运作的模型，制定出个人偏好，进而影响组织的决策，并最终通过分析组织的行动如何影响其更广泛的情境来发展他们的知识。

然而，这种个体和集体学习的机制被大量的模糊性所破坏。人们的行为不仅取决于他们对世界的信念，还取决于他们在组织中所扮演的角色。组织的决策与决策过程中参与者的愿望和决策的有效应用之间仅有松散的联系。组织所处环境中察觉到的变化并不完全是由于一个组织的行为造成，也受到其他周围组织的影响，或者甚至是由完全不相干的因素造成的。对这些模糊的事件的解释本身就是一个社会现象，取决于观察者与组织中其他成员之间的关系：我们看到我们期望看到的（自动调节）和我们所看重的人所看到的（社会条件作用）。

因此，马奇的大量工作都集中在学习的崩溃与补救方法上，因为学习的优势不是将学习和一些理想的行动规则进行比较，而是基于那些可得的可能性。学习作为组织适应环境的方式就如同民主——被认为是除了其他的政体之外最糟糕的一个。

组织中学习的另一个复杂因素，来自于**不同的参与者之间的相互作用**以及不同形式学习的纠缠。因此，一个组织对两种可选技术的评估取决于已经掌握的知识：组织可以完全掌握一个潜力有限的技术，同时由于缺乏专业知识而放弃一个更有希望的选择。

同样，一些简单的模型表明，在特定的情况下，当组织中的每个成员都对那些他们控制之下的因素的集体行动的结果做出理性的反应，所获得的效率将低于那些一部分成员不会立刻反应，或者在另一部分成员有比较稳定的行为时才会有反应的组织。[2]

也有模型表明[3]：那些既能奖励严格执行组织程序的成员，又能奖励那些随时准备着放弃既定程序以获得更好的结果的成员的组织，将会从那些与组织信仰背离的少数异见者那里获益。事实上，这样的人即使经常表现不佳，却能在某一时刻表现出最适合特定情况的行为，尤其是当环境发生变化时。因此，组织的适应能力一部分取决于那些由于浮躁、固执或利他主义而缓慢地学习组织标准化行为的个体。

愚蠢的技术还是即时理性的批判

换言之，有效的学习有时需要突破那些已经尝试和测试过的解决方案的固有框架，但在短期内，大胆的决定几乎总是无效的。一方面，一旦能力达到某种程度，大多数新的想法都不如现有的做法好。另一方面，即使某一特定的新程序是对当下的潜在改进，通过已有程序获得的能力意味着在短期内比那些没有使用经验的高级技术更高效。人类花了很长时间使用电脑来改善一个好秘书的表现，因此学习使用更现代化的机器或管理软件包并放弃已经学到的东西也需要时间，也需要花费更多的时间从比键盘有更多功能的人机交互工具中获益。

探索那些至少在短期甚至长期低效的方案需要一定程度的玩世不恭，以及对冒险和风险的热爱，但是这些品质往往受到"良好的教育"的排斥。坚持那些**可能**或无法获得收益的方案，除了忍受一个机构或者社会的警告和惩罚外，还需要固执和愚蠢的心态。

除了傻瓜（或至少是一个狂热者），谁能够拒绝听从理性（无论是为了挑衅还是为了召唤）而固执地坚持自己的错误？这显然是堂吉诃德所做的，当他宣布他的行为不是为了任何报酬时，他说："当我成为骑士的一员时，我就无法回避去尝试我的职责范围内的一切。"

这种"愚蠢"使探索至今未知的可能性成为可能，而且有时还会发现自己的偏好。马奇确实拒绝了"每个人都有一致的和预先设定好的偏好，因此任何选择的不一致性都是由于缺乏反思和内省所造成的"这一公理。这就是心理治疗师在敦促患者"发现自己"时所使用的范式。马奇认为个人**通过行动来建构他们的偏好**，个体通过独特的个人尝试，去探索那些能让他们找到快乐的行为（如获得认可）。这就是父母在鼓励他们的孩子"发现"阅读、帮助和礼貌的乐趣，因而厚着脸皮挫败孩子们的自发态度时，所持有的观点。

理性的光辉

正统的魅力

理性只是智力的几种工具之一（并且是被高估的一个），但马奇却懂得如何欣赏它的品质。在批评和否定占主导地位的范式之前，他展示了它所有的优势。他使用了一个非常理性的科学框架来证明理性的局限性，以及用其他方法来补充这个精细工具的必要性，比如愚蠢或"立即"非理性地坚持探索危险的道路。

马奇关于决策的书中没有神秘主义，也没有其他稀奇古怪的东西，他通过对一家百货商店销售主管的程序理性的详尽描述，来阐明公司的行为理论。马奇使用理性的工具来证明理性的不完整，就像哥德尔用形式逻辑来阐明其证明的不完整性。

对理性的严谨、高效运用

如果没有使用正确的推理，推测未来是毫无意义的。因此，马奇要求在尔湾的所有社会科学专业学生都参加了一个相对高级的数学课程（特别强调统计学的处理），并教他们如何完善严谨的模型，避免沉浸于自己的假设中。

马奇的科学讨论都有精心的论证。在早期的工作中，在任何时候只要有可能，猜想都会通过不同的独立方法进行验证。对假设和猜想有效性也进行了深入和明确的讨论。然而，马奇的职业生涯也经历了转换，当成为知名的教授后，他已经没有什么需要证明的，因此他更愿意沉迷于纯粹的思考，拒绝对任何关联性进行阐述。

马奇没有混合不同的文本体裁：他的科学著作是极其严谨的，而他所写的六卷诗歌，则代表那些超越了他所能表述的东西。正是这种对体裁的尊重，可能使他无法撰写一个关于他的领导力课程的总结，因为没有一个经典的格式能够传达他围绕一些文学名著的自由评论的气氛（《奥赛罗》、《堂吉诃德》、萧伯纳的《圣女贞德》以及《战争与和平》），不是出于做作，而是因为杰出的作家成功地描绘了人类如何应对他们的不连贯性，他们比任何社会科学的研究者都伟大。

系统性原因还是对智力的追求

正如马奇理性地证明了经典的理性选择不能实现其目标，它是以理性的名义提出了另一种实现目标的方法——组织中的智力。因此，他依靠系统理性建议完善有限古典理性的工具箱，并以一种嬉闹和愚蠢的技术来补充常规的程序理性。

通过热情救赎
对个体冒险的集体需求

我们已经看到，在认知过于复杂的情况下，无法回到理性的选择时，或者在新的环境中无法找到合适的程序时，个体或组织会通过探索新的路径来适应环境。然而，一般来说，这种探索性的活动是危险的，最有利可图的策略往往是模仿别人发现的看起来高效的程序。

当然，我们仍需要有人去做探险者——有足够的冒险精神或足够愚蠢，从被击败的道路上走出来，足够固执地保持足够长的时间去发现他们的新路径是否真的通向真理。

如何使探索的挑战具有吸引力

如果新方法总是比经过尝试和测试的方法效率低，特别是在开始的时候，我们如何鼓励探索呢？我们可以给那些获得成功的少数探险者丰厚的回报。这可以推进其他人的探索，特别是当他们对自己的命运不满意时。也可以奖励有趣的失败（虽然这种情况要求决定奖励的人拥有稀有的美德），不是因为它们是失败者，而是因为他们打开了通往解决方案的大门，丰富了我们的知识。最后，我们可以通过讲述成功故事来激发潜在的冒险者对胜利的渴望。

这些方法都不是万能的，但有些人幸运地成为了探索者，不是因为他们对这种探索能给予他们的满足感的幻想，而是因为他们受情感驱使，而非渴望得到即刻回报。

超越理性：诗歌、直觉和热情

尽管社会科学有时会忽视它，但我们常常出于理性以外的原因行事。我们正在努力成为我们想要成为的人，没有任何对立即奖励的期望。我们踏上旅程，是为了旅程的内在乐趣，而不是为了达到目的地所带来的回报。

智慧不只是利用世界来满足我们的欲望。由于我们的偏好并不是预先设定的，而是部分地由于我们的行为而形成的，我们用什么样的标准来衡量智慧的价值？我们寻求更好地了解我们的世界，从而增进我们在生活中的享受。我们的智慧在这方面的丰富程度决定了我们行动的丰富性和我们生活的美好程度。我们的行动以及我们从中获得的满足感，往往更多地依赖于我们对现实的表达，而不是现实本身及对现实充满争议的解释。

组织并非仅仅建立在讨价还价之上。正如社会科学试图通过研究个体兴趣（功利理性）来解释个人行动领域的行为，政治科学倾向于将组织的形成解释为所有相关利益方通过社会契约达到最佳利益点的结果。然而，这一理论并不能保证这些机构的有效性。我们如何确保通过这种方式创建的组织能够承认那些在政治上无关重要的群体的利益，例如那些没有资源对有用的联盟做出贡献的穷人，没有加入正式组织中的个体，以及因为还没有出生就被排除在这种讨价还价之外的未来的人？

与这种在组织架构内每个人为获得认可而奋斗并由此形成的利益匹配的集体性概念形成鲜明对比的是，还有一种整合的传统，符合适当性和团体的逻辑，其中的推理者不是为了自己的利益而讨价还价，而是去主导将一个团体凝聚起来的原则和价值的形成，以保证每一个成员的权利。

一个有用的政治行动理论必须考虑到这两种传统,以及组织为政治生活的涌现、演化和适应提供必不可少的框架的方式。

不相干的行动

因此,马奇在描述性和规范性层面上论证了功利主义理性的不足,它没有考虑到我们可以观察到的大多数行为,并且如果理性是我们行动的基础,我们将迅速失去适应能力,创造出无法独立生存的机构。然而,马奇更进一步向我们展示,在一个复杂、令人不安和模糊的世界里,我们的行动对其他人的行为产生影响,事情也会出现无数不可预见的发展情况时,我们对于那些影响我们的事情的进程很难产生实质性影响,尽管我们(尤其是我们的领导人)可能希望能有影响。

无望的乐观

在这个荒诞的宇宙中,有太大的诱惑使人沉溺于无助和无力的状态中,或者变得愤世嫉俗和不负责任。然而,有三种态度可使我们有可能找到日常活动所需的动力。**没有绝望的悲观主义**源于这样一个前提:即使我们的影响力很小,我们也可以通过不加限制地把自己投入到有用的日常任务中,从而使我们的当前环境不那么充满敌意。这一观点是由伊凡·杰尼索维奇所表达的,[4] 在他庆祝在古拉格的第二天没有任何骚扰或灾难时所体现的。相反,**没有失去信仰的冷漠**是基于这样一种观察:尽管我们的大多数行为都不重要,但机会(并非总是可预测的)和意想不到的十字路口也会出现,这样即使是相对最小的行动,也能改变整个事件的进程。这体现在库图佐夫观察博罗迪诺的战斗中,通过他所表现出来的自信,保持了军官的士气,这是他在战斗的混乱中可采取的唯一有用但有潜在决定性的行动。第三种态度是**无望的乐观**,堂吉诃德作为游侠骑士展示了这一点,他自认为自己的职业就是为了世界的美好和愉快的生活,并且履行了他认为值得的义务。

世俗的组织与园艺

矛盾的是,虽然刚才提到的三种行动模式都缺乏对任何特定结果的期待,但它们是推动广泛变革的动力。有能力的员工没有特定追求的无私奉献,有职业责任感的理性悲观主义者,使组织能够比我们通常想象的更能发挥作用和适应环境。那些坚持探索被认为是徒劳领域里的固执的人,为组织发现隐藏的宝藏提供了机会。图库佐夫耐心而被动,他不认为他能取得任何重要的成就,但他对形势有深远的理解,这培养了军队的士气,并试图避免干涉可能有利的历史发展。这是一个园丁而不是工程师的做法。

当被剥夺了对控制现象的复杂因果关系的充分理解,也无法获得足够的行动和控制手段时,工程师们就无能为力了。园丁们在面对大自然的强大力量时会接受这种无能为力,但他们可以在适当的时候种下种子,定期拔除杂草,并根据阳光的情况浇水。这些微小的、平凡的行动,意志坚定的坚持,最终会产生更多的机会以促进一个日益真实、美丽和公正世界的出现。

注释:

1. James G. March and Johan P. Olsen, *Ambiguity and Choice in Organization*, Bergen,

Norway: Universitetsforlaget, 1976, chapter 16.

2. Pertti H. Lounamaa and James G. March, " Adaptive coordination of a learning team," *Management Science*, 33 (1987) 107–23.

3. James G. March, " Exploration and exploitation in organizational learning, " *Organization Science*, 2 (1991) 71–87.

4. Alexander Solzhenitsyn, *One Day in the Life of Ivan Denisovich*. New York: Signet Classics, 1998.

On Leadership

附录 2

平凡的组织和伟大的领导者[1]

一

来关注组织与领导力两个简单的问题：第一，什么让组织能够正常运转？第二，为了使组织正常运转，在对事情做出权衡时，会出现哪些管理偏差？问题不难，答案却不简单。然而，我们可以就这两个问题来谈几点看法。

现在有一个很庞大的产业致力于打造关于领导力和最佳领导风格的书籍。在很大程度上，这样的书把领导力刻画为：领导者英雄般的个人特质产生了英雄般的结果。组织、组织历史学家，特别是组织领导者，都倾向于将组织历史变得个人化，并且给特定领导者赋予对历史事件难以置信的深刻影响。尤其在讨论组织和领导力的时候，我们经常不由自主地强调创新、激烈干预与英雄式领导。尽管这些东西或许真的有重要影响，但是为了理解组织缘何正常运转，我们也许得从认识一些次要事情的重要性开始。

如果顾客排起长龙，如果信件、来电无人回复，如果办公用品短缺，任务无人执行，那么没有哪个组织能够正常运转。当我们建构复杂理论来说明最基础的效率的局限时，我们往往忘记了一个简单的事实：除非一切都能按部就班、秩序井然，每个个体各司其职，否则组织将无法正常运转。具有这些特点的组织都能正常运转，而这些特点缺失的组织正常运转却很困难，这对于我们来说显而易见。

例如，假设有人到美国访问，观察人们对于交通事故的反应，那么他将发现，不同的地区的人对于交通事故的反应有很大相同。

假设某地发生了一起造成数人受伤的交通事故。

- 如果事故发生在佛蒙特州，那么你会发现，附近的居民仍然在自己的花园里浇花，似乎不想干扰别人的生活。因此，事故受伤者将被留在那儿，但隐私不受侵犯。
- 如果事故发生在佛罗里达州，那么你会发现，人们会围观，安慰事故受伤者，告诉事故受伤者，发生这样的事情，他们有多么难过。
- 如果事故发生在纽约州，那么你会发现，人们会和事故受伤者争论谁应该对事故负责。
- 如果事故发生在加利福尼亚州，那么你会发现，警察会赶到事故现场，带着护理人员、最先进的设备，还有一个公共心理医生随行——是用来安抚目击者的。
- 如果事故发生在艾奥瓦州，那么你会看到，警察会赶到事故现场，但是在这之前，附近的居民就已经处理了事故，有的用自己的汽车把伤者送往了医院，而有的正在清理街道。

以上所列的交通事故反应方式，每种都含有美的元素。但是，我想说的是，通常情况下，最后一种方式——艾奥瓦人的做法，是最好的。

出了问题，能有人迅速将之处理妥当，是最理想的。组织要想达到这种状态，它的文化必须具备几大特点：权责明确，员工责任意识强，员工胜任自己的工作。这样的文化既不一定能够自然形成，也培养不出多少英雄。

下面，来谈谈组织基础效率的四个要素，这四个要素既不新奇也不神秘，但是，我认为，这四个要素非常重要。第一个要素，也是在我看来应该是最重要的一个，就是**胜任力**，其重要性不言而喻。只有组织中的人都有能力完成自己的工作，组织才可以正常运转。如何鼓励胜任力呢？传统管理思想认为，需要基于员工能力而不是亲疏来进行任命和提拔；现代管理理论认为，需要劳动分工、专门化、常规化和培训。总之，胜任力需要让懂的人做事，让不懂的人离开组织。

第二个基础效率的要素是**主动性**。只有问题在大多数时候能就地、及时、自动地得到解决，组织才能正常运转。要达到这个层次，组织需要建立相应的授权机制。授权也代表着授予犯错的权利。如果你鼓励主动性，那么就要留下自主发挥的余地。同时，设置注意力缓冲也是必要的，不能让所有人看到所有的事情。就如同父母学会不去注意孩子所做的每件事，组织要鼓励主动性，就必须能够忽略小偏差。

第三个影响基础效率的要素是**认同感**。只有组织中的人为自己所做的事情感到骄傲，为自己身为组织的一员而感到自豪，组织才能正常运转。组织中的人同呼吸、共命运、相互信任、认同集体。培养认同感的主要方式是：个人目标与组织目标的整合、在团体规范和社会规范的支持下建立合作文化、培养团体的凝聚力和效能感。在一定程度上，外部威胁、敌人，可能会增强组织认同感。

第四个影响基础效率的要素是**不引人注目的协调力**。只有对个体的自主行动进行有效、快速、低成本地协调，才能让组织正常运转。那么，如何培养协调力呢？以下措施或许可行：常规化、操作流程标准化、信号和信息流动、个人预见和冗员。

这四样东西（胜任力、主动性、认同感和不引人注目的协调力）十分平凡，任何一本标准的管理书籍都会提到。因为它们如此平常、如此标准，所以我们这些自以为是的精明人经常忽略其重要性。实际上，胜任力、主动性、认同感和不引人注目的协调力是领导有效性的核心。它们不大气，也不磅礴，在很大程度上，甚至很无趣。它们代表了另一种领导价值观，它不同于那些被很多管理者所持有、很多领导力书籍所倡导的领导观。

二

领导力涉及的东西很多，我不打算一一列举。很多领导技能都有共同的基础，那就是有能力运用分析与经验做出判断。然而，运用分析和经验进行判断是很容易出错的，领导者并非不会犯错。不同的领导者有不同的弱点，从这个意义上说，组织领导者所犯的某些错误并不是系统性的，但是，领导者个人特质与领导者所犯判断错误的特点之间没有一致的关系。与此同时，组织领导者还会犯一些系统性错误。

特别是，领导者角色、领导者职业道路的某些独特特征，会导致领导者出现系统性的认知偏差。最明显的就是，领导者倾向于夸大领导和管理的作用，进而放大了自身的作用。和大部分人相同的是，领导者希望自己重要。和我们大部分人不一样的是，他们有很多证据表明他们重要。然而，这些证据或许会对他们产生误导。

随着管理者在组织里晋升，权力与日俱增，待遇不断提高，就越来越容易陷入管理重要性的陷阱，但是他们的行动对组织绩效的影响却变得越发不清晰。沿着组织等级结构向上看，层级越高，两样东西就越发模糊，其一是组织的目标，其二是领导者对于绩效的贡献。具体特征表现为，层级越高，管理者（以及那些依靠或者仰仗他们的人）对领导地位的表征物越敏感。决策的流程、场景的设置，突出了管理和管理者的重要性；信息的搜集与流动，突出了决策方式是适当的；会议的举行，突出了具体的行动是由当权者决定的；控制流程的出现，突出了系统处在控制之下；评估的开展，突出了管理者对组织的监督的适当性。

因为这些仪式与典礼，**大多数领导者很可能夸大自己对成功的掌控能力**。我们知道个体通常会倾向于夸大个人行动在对人类事件实施控制方面的作用，在那些一直以来都很成功的人士身上，这种倾向更为突出。成功的人更愿意认为他们的生活是通过他们自己的行动所获得的。组织领导者通常是成功人士。能够走上领导职位的人，一般在历任职位都获得了成功，这样的成功史会使得他们把其成功看成其行动与能力的后果。

尽管成功的人坚定地认为他们的成功是自己能力、品质以及努力的结果，但是成功学研究不能完全支持这一信念。成功学研究显示，组织中大多数成功的人士，如同生活中大多数其他行业中的成功人士一样，其独特之处在于在生命早期的两个明智的决策。第一个决策是对父母的选择。如果你的父母很成功，那么你获得成功的概率更大。第二个决策是对性别的选择。如果你选择了男性，那么你将拥有更多的机会成为优秀的经理人。这两个"决策"，虽然远远不能解释成功者与平庸者之间的全部不同，但是它们的解释力度比已知的其他任何因素都大得多。

除了以上两个决策，其他个人因素所产生的作用，不同的成功学研究几乎无法得出公认的结论。领导者的个人特质对领导成功不能产生任何预测力。研究得出这样的结果，可能是由于研究本身的问题，还可能是由于领导者个人特质与领导情境存在交互作用。然而，在我看来，大多数领导力著书者和大多数领导者也许高估了领导者自身对于领导成功的作用。也许，观察组织的管理金字塔（也许早就有人这么做了），把那些明显不合适的人剔除之后，我们根本就无法区分两个副总裁之间有什么区别。

组织领导者似乎**容易混淆不可或缺性和重要性，他们或许可以说自己很重要，但是不能说自己不可或缺**。由于等级结构制和管理者评价选拔机制，所以，层级越高，管理者的同质性越强，在态度、能力、精力和组织忠诚度方面也愈发相像。另一方面，层级越高，组织目标愈发模糊，管理者行动与组织绩效之间的关系也愈发模糊。结果，对领导者的评价越容易出现随机的错误。极端情况下，评价流程引起的误差变异会超过候选领导者之间的真实误差，造成我们无法区分不同的领导者。

因此，在正常运转的组织里，高层管理者一定是有用的，甚至是必要的,但是,既然他们是无法区分的,所以没有哪个特定管理者不可或缺。组织领导者当然希望自己不可或缺,渴望证实自己的重要性是独一无二的,而并非仅仅是重要的。但是,如果哪个组织的领导者是不可或缺的,那么这个组织将是无效的。在有效的组织里,我们无法说出一个副总裁与另外一个副总裁的具体区别。

三

上文对比列举了基础效率理念与英雄式领导理念,对比结果令人震撼,而且也许会引起领导者的不安。承认英雄式领导不重要,与他们对于自身经验的解释是相互抵触的。他们不希望,也不相信它是真的。结果,他们忽略了某些在我看来对于理解组织如何运转来说非常根本的东西。

第一,**组织能够良好运行,是因为组织遍布平凡胜任力**。德国军队之所以有效,不是因为他们的将军——尽管他们的将军都很能干,而是由于很多德国中士都能有效、自动地行动。他们了解自己要做什么,也有能力去完成它。专门化是个有用、强大的组织工具,然而,如果无论遇到怎样的问题,都需要由专家来解决,那么大部分东西在很多时间都无法运行。运行良好的组织具有这样的特点:如果组织中的厕所不能用了,会有人将它自动修好。这一点其实很难实现,除非组织里的所有基础事务都能有懂的人在负责。

第二,**组织能够良好运行,是因为亚单元和个体具有相互依赖的自主性**,也就是说,亚单元和个体可以放手做自己的工作,相互授权、相互信任。工作之间的协调相对不引人注目,更少地依靠可观察到的干预，更多地依靠相互的预期。我知道你将要做什么，而你也明白我将要做什么，我们不需要就此进行多少沟通。协作的实现，靠的是非正式安排，靠的是避免大家互相干扰的宽裕缓冲，靠的是不引人注目的信号和信息流动。简而言之，当组织更像帆船而非机动船时，组织运行得更好。

第三，组织能够良好运行，是因为冗员。几乎每个人都是重要的，但没有一个人是不可或缺的，不管是在任何一段时间之内还是在任何一个时刻。如果有任务需要完成，那么一定存在备选人员、备选技术、备选方案。任何个人或者亚单元的失误，都不会对任务完成造成太大的影响。组织中的冗员，就像机械设备中的冗员一样，往往看起来昂贵，容易让人将其去掉，但是如果没有冗员，任何一个部分的失败都很可能导致整个组织的失败，随着组织运营规模变大、复杂性提高，这种可能性增加得更快。

第四，组织能够良好运行，是因为组织中的个体之间不掺杂个人情感的相互信任。例如，在家庭里，与个人情感有关。组织需要一种不同的信任，组织中的个体之间相互信任，不取决于他们的私人关系，而是因为他们都相信对方能做好本职工作，也不会妨碍自己的工作。尤其在上下级间，相互依赖性强，所以信任就显得更加重要，但是上下级之间的信任也可能掺杂个人的情感。

由于我们书写、看待领导力的方式，由于我们要求走上领导职位的人需要经历过一系列的成功，所以，领导者往往会遗忘这些简单的道理，而把自己看成组织的英雄。

四

假设组织领导者改变信念，承认组织运行中的大部分东西都是平凡而不是伟大的，并且承认无论对于组织来说领导多么重要，单个的领导者对组织都不是那么重要，那会怎样？如果领导者了解了这一逻辑，那么还有什么能让他们不要陷入自怜自艾、愤世嫉俗和遁世离俗的境地？如果领导者不能期望伟大的结果，那么他们将如何坚持那些伟大行动呢？一个对自己重要性产生怀疑的高级主管如何对行动和投入的正当性做出评判呢？

人类如此渺小，又能做些什么呢？对于这个长期存在的历史问题，我们最好抛开现代的组织研究，在经典文学作品中寻找答案。我们面对的是这样一个世界：让组织运行的东西是平淡的，很难发现自己的所作所为能产生多么重大的意义。我们能给现代的领导者提供什么建议呢？首先，我们建议他们阅读《战争与和平》。把时间花在研究库图佐夫将军在博罗季诺战役中的沉思上，这也许比花在研究战略规划上更有用。一个怀疑将士有效性的将军如何作为？托尔斯泰对这个问题的讨论，表明了他对领导模糊性的认识胜过了大多数现代组织研究者。

或者读读易卜生的《野鸭》。在《野鸭》中，易卜生借瑞灵医生之口告诫我们，如果剥夺掉一个平凡人幻想的权力，他的幸福权力也就随之被剥夺了。无独有偶，其他文学家也发出过类似的警告，尤其是奥尼尔和皮兰德安。他们的警告极其睿智。在我们怀疑结果主义行动逻辑的时候，我们应该也不能忘记：领导力所要求的对伟大行动怀有承诺而幻想伟大的结果，可以起到坚守承诺的作用。

然而，另外一个经典的答案也值得一提。看看堂吉诃德向唐·德·米兰达解释自己的时候是怎么说的：

你一定认为我很疯或者很傻，其实我既不疯也不傻，所有的骑士都有其使命，既然我有幸成为一名游侠骑士，我就要尽自己的一切努力完成这些使命。（II，17）

堂吉诃德说出这样的话，说明他信奉另外一种人生观和行动观，这种人生观和行动观将伟大的承诺与对伟大结果的希望分开了。它说的是义务而非期望，说的是有待度过和享受的人生，说的是有待赞美的责任。堂吉诃德大战风车，不是因为他不明白何为风车，而是因为他对生命怀有热忱，因为他明白自己身份的要求。

如果说塞万提斯的作品给了现代的平凡组织什么启示的话，我认为那就是：好的领导要结合对平淡人生的热忱与对平凡责任的承诺；领导既是艺术又是技术，既是美又是真理，既欣赏复杂性又欣赏简单性，既追求矛盾又追求统一，既实现优雅又实现控制。对于一个愤世嫉俗大行其道的年代来说，这套陈词似乎太过浪漫，然而，最近的组织观察表明，这样的领导观也许比我们想的要普遍。

如果领导者本着堂吉诃德精神行动，那么他们会丰富我们的生活、改进我们的组织。他们会管理让组织正常运行的平凡事务，会生产可以被读作、解释为诗歌的决策、行动和生活。这样的领导涉及保证厕所能够正常使用，还涉及书写管理诗歌（文件、通知、报告和命令），激发新的、有趣的解释和行动。最理想的情况也许是，领导者能够像艾略特一样。很多人（包括与艾略特同时代的人）赏析过艾略特的诗作，艾略特曾经在文章中表达了他对这些赏析的态度："赏析的目的是弄清诗是什么意思，不管解读出来的意思是不是我想表达的意思，我都深表感谢；如果能够解读出我未能表达明确，或者我自己都没参悟到的意思，我会更加感谢。"[2]

注释：

1. 这篇文章最初是在1982年3月25日在墨西哥墨西利举行的大学管理会议上发表的，并印刷在Lewis B.Mayhew和Fernando Leon-Garcia主编的著作上。
2. T. S. Eliot, *On poetry and poets*, New York: Noonday, 1961, 125–6, reprinting a piece entitled "The frontiers of criticism" (1956).

管理人不可不读的经典
"华章经典·管理"丛书

书名	作者	作者身份
科学管理原理	弗雷德里克·泰勒 Frederick Winslow Taylor	科学管理之父
马斯洛论管理	亚伯拉罕·马斯洛 Abraham H.Maslow	人本主义心理学之父
决策是如何产生的	詹姆斯·G.马奇 James G. March	组织决策研究领域最有贡献的学者
战略管理	H.伊戈尔·安索夫 H. Igor Ansoff	战略管理奠基人
组织与管理	切斯特·巴纳德 Chester I.barnard	系统组织理论创始人
戴明的新经济观 (原书第2版)	W.爱德华·戴明 W. Edwards Deming	质量管理之父
彼得原理	劳伦斯·J.彼得 Laurence J.Peter	现代层级组织学的奠基人
工业管理与一般管理	亨利·法约尔 Henri Fayol	现代经营管理之父
Z理论	威廉·G.大内 William G. Ouchi	Z理论创始人
转危为安	W.爱德华·戴明 William Edwards Deming	质量管理之父
管理行为	赫伯特·A.西蒙 Herbert A.Simon	诺贝尔经济学奖得主
经理人员的职能	切斯特·I.巴纳德 Chester I.Barnard	系统组织理论创始人
组织	詹姆斯·G.马奇 James G. March	组织决策研究领域最有贡献的学者
论领导力	詹姆斯·G.马奇 James G. March	组织决策研究领域最有贡献的学者
福列特论管理	玛丽·帕克·福列特 Mary Parker Follett	管理理论之母